AF465350

FACULTÉ DE DROIT DE MONTPELLIER

DROIT ROMAIN

DU POSTLIMINIUM ET DE LA LOI CORNELIA

DROIT FRANÇAIS

DE L'EXPULSION DES ÉTRANGERS

THÈSE POUR LE DOCTORAT

PRÉSENTÉE ET SOUTENUE

Par

Emmanuel BÈS DE BERC
Avocat
Lauréat de la Faculté
(Concours de licence 1882, 1883, 1884, Concours de doctorat 1886)

PARIS
LIBRAIRIE NOUVELLE DE DROIT ET DE JURISPRUDENCE
ARTHUR ROUSSEAU, ÉDITEUR
14, RUE SOUFFLOT ET RUE TOULLIER, 13

1888

THÈSE

POUR LE

DOCTORAT

8° F
6111

FACULTÉ DE DROIT DE MONTPELLIER

MM. VIGIÉ, doyen, professeur de Code civil, et chargé du cours de notariat et enregistrement,

VALABRÈGUE, professeur de droit commercial, et chargé du cours de droit maritime,

BRÉMOND, professeur de droit administratif, et chargé du cours de droit constitutionnel,

GIDE, professeur d'économie politique,

LAURENS, professeur de Code civil, et chargé du cours du Code civil approfondi,

PIERRON, professeur de droit romain,

GLAIZE, professeur de procédure civile, et chargé du cours des voies d'exécution,

LABORDE, professeur de droit criminel, et chargé du cours de droit industriel,

GIRARD, agrégé, chargé d'un cours de droit romain, et du cours de Pandectes,

CHARMONT, agrégé, chargé d'un cours de Code civil,

CHAUSSE, agrégé, chargé du cours de droit international privé, et du cours d'histoire du droit pour le doctorat,

MEYNIAL, agrégé, chargé du cours d'histoire du droit français,

GIRAUD, secrétaire.

Président : **M. PIERRON**, *professeur*.

Suffragants : MM. BRÉMOND, *professeur*, CHAUSSE, *agrégé*, MEYNIAL, *agrégé*, — *Assesseurs*.

FACULTÉ DE DROIT DE MONTPELLIER

DROIT ROMAIN

DU POSTLIMINIUM ET DE LA LOI CORNELIA

BIBLIOTHÈQUE NATIONALE RF IMPRIMÉS

DROIT FRANÇAIS

DE L'EXPULSION DES ÉTRANGERS

THÈSE POUR LE DOCTORAT

PRÉSENTÉE ET SOUTENUE

Par

Emmanuel BÈS DE BERC

Avocat

Lauréat de la Faculté

(*Concours de licence 1882, 1883, 1884, Concours de doctorat 1886*)

PARIS

LIBRAIRIE NOUVELLE DE DROIT ET DE JURISPRUDENCE

ARTHUR ROUSSEAU, ÉDITEUR

14, RUE SOUFFLOT ET RUE TOULLIER, 13

1888

n° 219 1888

A MON PÈRE

A MA MÈRE

DROIT ROMAIN

BIBLIOGRAPHIE

ACCARIAS. — Précis de Droit romain.

BARTOLE. — Commentaria in Digestum et Codicem (Lyon, 1552, 5 vol. in-fol.).

BECHMANN. — Das jus Postliminii und die lex Cornelia (Erlangen, 1872).

BUHL. — Salvius Julianus (Heidelberg, 1886).

CORPUS juris civilis Justinianei, cum commentariis Accursii, Contii, Gothofredi, Cujacii, etc. (Lyon, 1627, 6 vol. in-fol.)

CUJAS. — Opera omnia. (Paris, 1658, 10 vol. in-fol.)

FABER (Antonius). — Conjecturarum juris civilis libri XX.

FERNANDEZ DE RETES. — De Postliminio juris gentium et Quiritum (Salamanque, 1644).

FESTUS. — In verb. Postliminium.

GOTTLING. — Histoire de la formation du Droit romain.

GROTIUS. — De jure belli ac pacis.

HASE. — Das jus Postliminii und die fictio legis Corneliæ (Halle, 1851).

DE HOLZENDORFF. — Encyklopädie des Rechtswissenschaft.

DE IERING. — L'esprit du Droit romain (trad. de Meulenaere).

MACHELARD. — Des obligations naturelles.

MAYNZ. — Cours de Droit romain.

MÜLHENBRUCK. — Suites de Glück.

— Commentaires des Pandectes.

BIBLIOGRAPHIE

PADALETTI. — Storia del Diritto romano.

POTHIER. — Pandectæ Justinianeæ (liv. XLIX, tit. XV).

DE SAVIGNY. — Traité de Droit romain.

SERAFINI. — Instituzioni di Diritto romano comparatto al Diritto civile patrio.

ZACHARIÆ. — Lucius Cornelius Sulla (Mannheim, 1850).

ZIMMERN. — Histoire du Droit privé romain.

DROIT ROMAIN

DU POSTLIMINIUM

ET DE

LA LOI CORNELIA

CHAPITRE PREMIER

UTILITÉ, ORIGINE ET ÉTENDUE DU « POSTLIMINIUM » ET DE LA LOI « CORNELIA »

C'était une maxime généralement admise chez les peuples de l'antiquité que le droit de la guerre permettait aux belligérants de s'approprier les choses prises sur leurs adversaires.

Ce droit de propriété ne s'étendait pas seulement aux meubles et aux immeubles, mais encore aux hommes libres (1).

(1) Gaius, *Inst.*, C. II, par. 69 ; — Just., *Inst.*, liv. I, tit. IV, par. 3 et 4.

A Rome, les captifs encouraient la *maxima capitis deminutio*, c'est-à-dire qu'ils perdaient les trois éléments qui constituaient leur personnalité juridique : la liberté, la cité et la famille. Ils devenaient, par l'*occupatio bellica*, la propriété de l'ennemi : *servi hostium*.

L'esclavage ne pouvant prendre fin que par l'affranchissement, et la propriété étant perpétuelle, la conséquence logique des principes eût voulu que les personnes et les choses tombées au pouvoir de l'ennemi ne pussent jamais retourner à leur état primitif. Les choses étaient définitivement perdues pour leurs anciens propriétaires et les captifs n'avaient aucun moyen de recouvrer leur liberté et leur ingénuité.

Mais la rigueur de ces conséquences fut précisément tempérée par l'institution du *postliminium* (1).

On imagina de considérer le captif de retour dans sa patrie et les choses reprises à l'ennemi comme n'ayant jamais perdu leur condition première et l'on permit au captif comme à l'ancien propriétaire de bénéficier d'une fiction en vertu de laquelle la prise de possession par l'ennemi était censée n'avoir jamais existé (2).

(1) Cette institution dérivant, comme nous le verrons, du *Jus gentium* pouvait parfaitement fonctionner lors de la constitution de l'Etat romain.

(2) Maynz, *Cours de Dr. rom.*, t. Ier, p. 711 ; — *Voir* aussi p. 143 et p. 396. Mommsen, *Romisches staatsrecht*, p. 42 et 53 ; —

Il est à remarquer que cette fiction postliminienne ne modifiait la rigueur des principes qu'à un seul point de vue : celui du retour du captif ou du bien conquis. Mais il restait une autre situation à laquelle il fallait également porter remède : c'était le cas où le prisonnier mourait chez l'ennemi. Si l'on considérait alors le captif comme esclave, il ne pouvait laisser aucun héritier ni testamentaire ni *ab intestat*. C'est ainsi que d'une part les parents les plus proches se voyaient exclus de l'héritage qui, sans la *capitis deminutio* du défunt, aurait dû leur revenir et que d'un autre côté les créanciers du défunt ne savaient plus à qui s'adresser pour être payés, puisqu'il n'existait ni héritier légitime, ni héritier testamentaire, et couraient grand risque de perdre leurs créances.

Cet état de choses fut modifié par une loi *Cornelia* à laquelle on attribue une seconde fiction connue sous le nom de *fictio legis Corneliæ* et en vertu de laquelle le prisonnier était réputé mort un instant de raison avant sa captivité, mort libre, par conséquent, et citoyen romain.

Quel fut l'auteur de cette loi et à quelle époque fut-elle rendue ? C'est ce qu'il est difficile de préciser.

Serafini, *Instituzioni di diritto romano*, p. 48 ; — de Holzendorff, *Encyklopädie der Rechtsvissenschaft*, p. 1245 ; — Demangeat, *Cours élém. de Dr. rom.*, p. 151 ; — Accarias, *Précis de Dr. romain*, I, p. 100 et suiv. (éd. 1879) ; — de Ihering, *L'esprit du Droit romain* IV, p. 291 et suiv. ; — Laferrière, *Histoire du Dr. franç.*, I, p. 60 ; — Van Vetter, *Cours élém. de Dr. rom.*, p. 203.

Certains auteurs, se fondant sur la nécessité qu'il y avait, longtemps avant l'époque de Cornelius Sylla, de réglementer la situation du patrimoine laissé par le captif décédé *apud hostes*, font remonter l'origine de cette loi aux guerres Puniques, époque à laquelle on fit un très grand nombre de prisonniers romains, et l'attribuent à l'un des Scipions.

Cet argument prouve trop pour qu'il puisse avoir quelque valeur ; on pourrait en effet, avec une égale facilité, en déduire que la loi *Cornelia* remonte à la Royauté. Au reste, comme on l'a très bien fait remarquer (1), la haute antiquité de cette loi est en contradiction directe avec le fait suivant rapporté par Tite-Live et par Appien (2), qui nous disent que les Romains s'opposèrent anciennement à ce qu'il fût voté une loi sur le rachat des captifs. Ceux qui furent faits prisonniers avec Attilius et Régulus pendant la première guerre Punique furent abandonnés aux vainqueurs, et leur échange ne fut pas autorisé. Si l'on songeait si peu à édicter en leur faveur des dispositions que la simple humanité commandait, il n'est pas vraisemblable que l'on ait veillé avec sollicitude à sauvegarder leurs intérêts de droit privé (3).

(1) Fernandez de Retes, *de Postliminio juris gentium et Quiritum* (Salamanque, 1644, opusc., liv. VI) ; — Hase, *Das jus postliminii und die fictio legis Corneliæ*. (Halle, 1851, p. 193 et suiv.)

(2) Tite-Live, liv. XXII, c. 61 ; — Appien, *Hannibal*, c. 28.

(3) Le paragraphe 21 du livre XXVII et le paragraphe 19 du livre XXX des *Histoires* de Tite-Live sont complètement étrangers à la loi qui nous occupe.

Nous croyons que la loi *Cornelia* a été rendue sous la dictature de Sylla. Ce qui donne une grande force à notre opinion, c'est que généralement toutes les lois désignées sous le nom de *leges Corneliæ* sont l'œuvre de ce dictateur, telles par exemple que les lois *Cornelia de falsis, de sicariis, de injuriis, de proscriptione*, etc...., et autres qui sont citées en plusieurs endroits du Digeste. L'œuvre législative de Sylla fut immense et il introduisit d'importantes réformes dans toutes les branches du Droit ; les autres membres de la *gens Cornelia* n'ont été que des jurisconsultes obscurs à côté du célèbre dictateur ; il est donc assez naturel de lui attribuer cette loi spéciale en faveur des prisonniers de guerre (1).

Ce serait dès lors vers l'année 673 de la fondation de Rome, époque à laquelle Sylla exerçait les fonctions de *dictator perpetuus perferendis legibus et constituendæ Reipublicæ*, qu'il faudrait placer la date de la loi *Cornelia*.

Cette loi devait être une loi spéciale, isolée, et non pas une fiction tirée de la loi *Cornelia de falsis*. C'est de celle-ci en effet que, d'après certains auteurs, les Prudents auraient tiré, par voix d'interprétation, la *fictio legis Corneliæ*.

Comme la loi punissait le faux commis sur le tes-

(1) Zachariæ, *Lucius Cornelius Sylla*, Mannheim, 1850 ; p. 151 ; — Comp. Buhl, *Salvius Julianus*, Heidelberg, 1886, I, p. 255 et 257 ; — Padaletti, *Storia del Diritto romano*, p. 455 et 467.

tament d'un captif à l'égal du faux commis sur tout autre testament, les jurisconsultes romains en auraient déduit que le testament du captif était valable, car s'il est nul, il n'y a pas de faux. Or, on comprend bien que le testament du captif soit valable en vertu du *postliminium*, lorsque le prisonnier revient à Rome ; mais quand il meurt *apud hostes*, il meurt incapable de laisser un testament. Cependant, la loi punit le faussaire. C'est donc que le testament est valable, et cette validité ne peut se comprendre qu'au moyen de la fiction. Telle aurait été la déduction par laquelle on serait arrivé à tirer de la loi *Cornelia* une fiction qui n'y était pas écrite, mais que les jurisconsultes romains croyaient y être implicitement contenue (1).

On peut répondre à cette théorie que les textes ne contiennent pas le moindre passage qui la soutienne et qui indique que la *fictio legis Corneliæ* se rattache réellement à la loi *Cornelia de falsis*. Bien au contraire, il résulte formellement des fragments qui nous sont parvenus que la loi *Cornelia* contenait, dès l'origine, des dispositions relatives non seulement aux testaments, mais encore aux successions *ab intestat* et aux tutelles (2). En présence de ces textes,

(1) Accarias, *Précis de Droit romain*, I, p. 820, note 1 (éd. de 1879).

(2) Bechmann, *Das jus postliminii und die lex Cornelia*, Erlangen, 1872, chap. II, par. 13 et 14 ; — L. 12, D., *Qui test. fac.*, XXVIII, 1 ; — L. 22, pr., D., h. t. ; — L. 12, par. 1, D., h. t. ; — L. 15, D., *de*

toute possibilité de rattacher la *fictio legis Corneliæ* à la loi *Cornelia de falsis* disparaît et il ne reste plus que notre hypothèse : c'est que cette loi ait réellement été une loi particulière sur laquelle d'ailleurs des détails plus précis ne nous sont pas parvenus.

Par suite de ces deux fictions qui finissent par embrasser toutes les branches du Droit, la condition du prisonnier romain se trouva sensiblement améliorée. Le *postliminium* fera l'objet principal de notre étude ; cependant, sans traiter de la loi *Cornelia* d'une façon spéciale et séparée, nous indiquerons les conséquences et les effets de cette seconde fiction, qui complètent la théorie du droit de retour ou sont venus se combiner avec le *jus postliminii.*

« Postliminium fingit eum qui captus est semper in civitate fuisse », nous dit Justinien dans ses *Institutes* (1). D'un autre côté, Paul s'exprime en ces termes : « Postliminium est jus amissæ rei recipiendæ ab extraneo et in statum pristinum restituendæ inter nos ac liberos populos regesque moribus, legibus constitutum (2). » Ces deux définitions se rapportent l'une au *postliminium* à l'égard des personnes, l'autre au *postliminium* à l'égard des choses : « Duæ species

Injusto, XXVIII, 3 ; — L. 4, par. 1, D., *de Bon. lib.*, XXXVIII, 2 ; — L. 18, D., *ad leg. Falc.*, XXXV, 2 ; — Paul, R. S., III, 4 a. par. 8 ; — L. 1 pr., D., *de Suis*, XXXVIII, 16 ; — Ulpien, XXIII, 5 ; — L. 1, Code, h. t.

(1) Just., *Inst.*, I, 12, par. 5.

(2) Dig., L. 19 pr., *de Capt. et de postlim. et redempt. ab host.*, XLIX, 15.

postliminii sunt, ut aut nos revertamur aut aliquid recipiamus (1). »

La fiction postliminienne a en effet deux aspects, suivant que l'on envisage les captifs eux-mêmes ou les biens qui ont été pris par les ennemis.

Pothier appelle « *postliminium* actif » celui par lequel le prisonnier de guerre, de retour dans sa patrie, recouvre les droits qu'il avait avant sa captivité, et « *postliminium* passif », celui par lequel les choses prises par les ennemis redeviennent, dès qu'elles ont été recouvrées, la propriété de ceux à qui elles appartenaient avant l'*occupatio bellica* (2).

Le *postliminium* peut encore s'appliquer aux animaux sauvages acquis par voie d'occupation. Si l'oiseau que vous avez en cage vient à s'envoler, si vos abeilles abandonnent leurs ruches et si le cerf que vous aviez apprivoisé regagne les forêts, votre propriété disparaîtra lorsque ces animaux seront retournés à leur état naturel. Ils seront alors réputés, par l'effet du *postliminium*, avoir toujours conservé leur liberté primitive et n'avoir jamais appartenu à personne (3).

(1) D., L. 14, à notre titre.

(2) Pothier, *Pandectæ Justinianeæ* (Paris, 1819), t. IV, p. 544 et suiv.

(3) *Inst.*, L. II, tit, 1, par. 12, 13 et suiv. Nous ne reviendrons plus sur cette application très peu importante du *postliminium*. Le *postliminium* ne pouvait pas seulement faire recouvrer la qualité de citoyen romain; il pouvait encore la faire perdre. Si nous supposons par exemple qu'un *hostis* ait été pris par un Romain et que

Le caractère essentiel de la fiction postliminienne est l'effet rétroactif qui s'y trouve attaché. Tant que dure la captivité, le prisonnier ne se trouve donc pas dans une situation fixe et définitive; son état est au contraire incertain et subordonné à une condition résolutoire : son retour dans sa patrie : « Jure postliminii omnia jura civitatis in personam ejus in suspenso retinentur, non abrumpuntur (1). » Mais aussitôt qu'il est de retour, l'ancien captif voit renaître tous ses droits, qui réapparaissent comme si jamais ils n'avaient été éteints : « Retro creditur in civitate fuisse (2); » « Postliminium habet, id est perinde omnia ei restituuntur jura, ac si captus ab hostibus non esset (3). »

D'après Modestin, l'institution du *jus postliminii* serait fort ancienne : « Antiquitus placuit », dit ce jurisconsulte (4). Mais le *postliminium* dérive-t-il exclusivement du *jus gentium* ou doit-il, au contraire,

dans la suite ce prisonnier ait été affranchi et soit devenu citoyen romain, il redevenait étranger, *jure postliminii,* s'il retournait dans sa patrie et perdait ainsi son titre de *civis romanus.* (L. 5, par. 3; D., h. t.; — Accarias, *op. cit.*, p. 111.)

(1) L. 32, par. 1, D. *de Hered. instit.*, XXVIII, 5; — Buhl, *op. cit.*, p. 252 et 253; — Hase, *op. cit.*, p. 1, et suiv. et p. 15 et suiv.; — Comp. Bechmann, *op. cit.*, p. 1 et suiv., p. 13 et suiv. et p. 43. — Cet auteur ne reconnaît pas toujours l'effet rétroactif attaché au *postliminium.*

(2) *Inst.,* I, 12, par. 5.

(3) L. 5, par. 1, à notre titre.

(4) L. 4, h. t.

son origine au *jus civile?* Accurse et Cujas (1) prétendent que cette institution provient uniquement du *jus gentium*. Jean Ramus (2) croit à l'inverse que c'est du Droit civil que vient cette fiction. Bartole et Grotius (3) ont adopté une opinion intermédiaire qui nous semble préférable.

Il y a, disent-ils, dans le *postliminium*, deux parties distinctes : la première est du *jus gentium;* en effet, dans le principe, le *postliminium* se bornait au recouvrement pur et simple de la liberté pour le captif qui revenait dans ses foyers. Il n'était question alors ni d'effet suspensif ni d'effet rétroactif. Ces conséquences du *postliminium* sont venues s'ajouter dans la suite sous l'influence du Droit civil, de sorte que l'on peut dire avec raison que si le *jus gentium* a donné naissance au droit de retour, le Droit civil l'a singulièrement modifié, en a étendu les effets, prévu et réglementé les cas dans lesquels on pourrait s'en prévaloir (4).

(1) Accurse, *Comment. Digest. nov.*, t. 3, col. 1650 et suiv. (*Corpus juris*, 1627) ; — Cujas, *op. cit.*

(2) *De militia*, œuvres complètes, 1840, Paris.

(3) Grotius, *De jur. bel. ac pac.*, p. 498 et suiv. ; — *Bartoli commentaria ad Dig.*, p. 171, t. I (Lyon, 1852).

(4) L. 19, h. t. ; — Bechmann, *loc. cit.* ; — La fiction de la loi *Cornelia* a également subi une évolution grâce à la jurisprudence romaine. Elle n'était pas au début telle que nous l'avons formulée. Bechmann, *op. cit.*, p. 88 et suiv. Buhl, *op. cit.*, p. 257. Les paroles d'Ulpien dans la loi 18, h. t, ne sont vraies qu'assez longtemps après l'apparition de la loi *Cornelia* : « In omnibus partibus juris

On a proposé une quantité d'étymologies du mot *postliminium*, dont quelques-unes, pour n'être pas exactes, n'en sont pas moins fort ingénieuses. Cicéron dans ses *Topiques* (1) nous rapporte deux opinions ayant cours de son temps et soutenues l'une par Servius Sulpicius, l'autre par Scævola.

D'après le premier le mot *postliminium* aurait pour radical la préposition *post* à laquelle on aurait ajouté *liminium*, sans autre but que celui de former un substantif.

Scævola croit, au contraire, que notre expression est composée de deux mots distincts « *post* » « après » et « *limen* » « seuil ». La frontière de l'État aurait été comparée au seuil d'une maison.

Heineccius présente une autre étymologie de ce mot qu'il fait dériver de ce que les captifs, qui avaient passé pour morts, croyaient qu'il était de mauvais augure d'entrer dans leur maison par le seuil de la porte. Ils s'y introduisaient en montant sur les toits et les gouttières par derrière la maison : « Post limen per tegulas et impluvium intro se mittebat (2). »

is qui reversus non est ab hostibus, quasi tunc decessisse videtur, quum captus est. »

La loi *Cornelia*, ne contenait également, croyons-nous, aucune disposition établissant que la mort du captif, serait datée rétroactivement de l'instant de l'entrée en captivité. Cette règle fut l'œuvre de la jurisprudence romaine.

(1) *Top.*, VII.

(2) Pothier, *loc. cit.*

Enfin Gottling (1) pense qu'à l'origine le mot *postliminium* désignait la région voisine des frontières et consacrée par les augures, et que cette expression avait été étendue au droit de retour du captif, parce que ce droit prenait naissance au moment même où le prisonnier mettait le pied sur cette partie du sol romain.

Avec Justinien nous adopterons la décision de Scævola qui nous paraît de beaucoup la plus simple et la plus vraisemblable : « Nam limina sicut in domibus finem quemdam faciunt, sic et imperii finem limen esse veteres voluerunt (2). »

(1) Gottling, *Hist. de la formation du Dr. romain*, p. 117.
(2) *Inst.*, I, 12, par. 5; — Comp. Hase, *op. cit.*, p. 8 et suiv.

CHAPITRE II

CONDITIONS DU « POSTLIMINIUM »

Après avoir défini le *postliminium* et en avoir montré l'utilité et l'étendue, demandons-nous, dans une seconde partie, à quelles conditions les Romains pouvaient bénéficier de cette fiction.

Ces conditions peuvent être communes au *postliminium* relatif aux personnes et à celui concernant les choses capturées. Elles peuvent aussi être particulières à l'une ou à l'autre forme du droit de retour. Aussi diviserons-nous nos explications en trois parties :

1° Conditions communes au *postliminium* actif et au *postliminium* passif ;

2° Conditions spéciales au *postliminium* actif ;

3° Conditions spéciales au *postliminium* passif.

SECTION I

Conditions communes au « postliminium » actif et au « postliminium » passif.

Pour que le prisonnier ou la chose capturée puissent faire l'objet du *postliminium*, il faut que le captif ou la chose aient été pris dans une guerre entre deux peuples libres (1) et étrangers l'un à l'autre, et que cette guerre soit juste, *bellum justum*, c'est-à-dire déclarée régulièrement (2).

Il ne pouvait donc pas y avoir *postliminium* entre les Romains et les peuples *in deditione*, c'est-à-dire s'étant rendus à discrétion au peuple romain. Au reste, il est aisé de comprendre que les nations qui se trouvaient dans cette situation ne pouvaient prétendre réduire des citoyens romains en esclavage et par conséquent le droit de retour n'avait pas à s'exercer (3).

De même le *postliminium* ne sera pas applicable aux choses ou aux individus capturés par des voleurs ou par des brigands : « A piratis aut latronibus capti, liberi permanent (4). »

Pour avoir besoin d'invoquer le *postliminium*, il faut qu'après avoir été ainsi capturé, on soit tombé

(1) « Liber autem populus est is, qui nullius alterius populi potestati est subjectus, sive is fæderatus est, item sive æquo fædere in amicitiam venit, sive fœdere comprehensum est, ut is populus alteris populi majestatem comiter conservaret. Hoc enim adjicitur ut intelligatur alterum populum superiorem esse, non ut intelligatur alterm non esse liberum. » L. 7, par. 1, h. t.; — Comp. Cicéron, *pro Balbo*, n° 21, et Tite-Live, IX, 20.

(2) Cincius, cité par Aulu-Gelle, nous rapporte le rite et la solennité de la déclaration de guerre. — *V.* Pothier, *loc cit.*

(3) Tite-Live, I, 38, nous donne la formule de la *deditio* d'un peuple à propos de la ville de Collatie qui s'était soumise à Tarquin. — Comp. Ovide, *Fastes*, liv. 6.

(4) L. 19, par. 2, h. t.; — Ulpien dit aussi : « Qui a latronibus captus erit, servus hostium non est. » L. 24, h. t.

au pouvoir d'un peuple étranger et *hostis* et que l'on ait pu ensuite regagner sa patrie (1).

Cependant la loi 6 à notre titre semble en contradiction avec ce que nous venons d'avancer. Dans ce texte, Pomponius suppose qu'une femme, condamnée aux salines, a été prise par des voleurs de nationalité étrangère, puis rachetée. Cette femme, dit-il, sera replacée dans son ancienne condition « *in causam suam recidit* ». Nous croyons que Pomponius ne veut pas ici parler d'un effet du *postliminium;* il indique simplement qu'après son rachat l'ancienne condamnée subira le reste de sa peine ; car en effet la capture de cette personne n'a pu en aucune façon modifier son état juridique. Elle n'est jamais devenue l'esclave des voleurs (2).

Enfin, en cas de guerre civile, le parti qui s'insurge contre l'État ne peut pas être considéré comme un peuple étranger et l'on ne saurait confondre les factieux avec les *hostes*. « In civilibus dissentionibus, nous dit Ulpien (3), quamvis sæpe per eas res publica lædatur, non tamen in exitium rei publicæ contenditur : qui in alterutras partes discedent, vice hostium non sunt eorum, inter quos jura captivitatium aut postliminiorum fuerint. »

(1) L. 27, h. t.
(2) Hase, *op. cit.*, p. 25.
(3) L. 21, par. 1, h. t.

Nous trouvons au Code (1) l'application de ces principes à une espèce particulière. Lors de la révolte de Palmyre, un citoyen romain fut fait prisonnier par la faction de la reine Zénobie, puis racheté et vendu comme esclave. Les empereurs Dioclétien et Maximien reconnurent dans un rescrit que cet individu n'était jamais devenu esclave et ordonnèrent de le rendre à la liberté.

Cujas interprète autrement ce rescrit. Il croit que le citoyen romain fait prisonnier par la *palmyrena factio* était réellement tombé en esclavage; mais le rachat lui ayant fait recouvrer son ingénuité, le rachetant ne pouvait le vendre comme esclave et n'avait sur lui qu'un simple droit de rétention. Notre texte ne reconnaît en aucune façon l'existence pour le rachetant du droit de rétention dont parle Cujas. Aussi, croyons-nous que cet auteur traduit mal la décision des empereurs, d'autant plus, comme nous l'avons vu, que ce prisonnier n'avait jamais pu devenir esclave par sa capture opérée par des rebelles.

Le *postliminium* pouvait-il s'exercer à l'égard des peuples fédérés et libres? Cicéron, dans son *Traité de l'orateur* (2), nous dit qu'anciennement cette question était fort controversée.

A l'époque classique, la controverse continuait encore. Proculus, en effet, était d'avis que le *postli-*

(1) Const. IV. *De ingenius manum.*, liv. VII, tit. 14.
(2) Cic., *de Orat.*, liv. 40.

minium ne peut pas exister entre les Romains et les peuples fédérés et libres : « Non dubito quin fœderati et liberi nobis externi sint : etenim quid inter nos atque eos postliminio opus est, cum et illi apud nos et libertatem suam et dominium rerum suarum æque atque apud se retineant et eadem nobis apud eos contingant (1) ? »

Œlius Gallus pensait qu'en pareil cas on devait pouvoir invoquer le droit de retour : « Cum populis liberis et cum fœderatis et cum regibus postliminium nobis est ita uti cum hostibus (2). »

Les commentateurs du Droit romain ont essayé plusieurs conciliations de ces deux textes sans pouvoir, suivant nous, arriver à un résultat satisfaisant. D'après Cujas, les deux textes prévoiraient deux hypothèses tout à fait distinctes dépendant de la nature du traité passé entre Rome et les autres peuples. Tite-Live (3), dans un discours qu'il fait tenir aux ambassadeurs d'Antiochus, nous apprend qu'il y a

(1) L. 7, pr. h. t.; — Haloander et Budœus lisent *externi non sint*. L'édition vulgaire est également conçue en ces termes. Cujas conserve la leçon florentine (Observ., II, 23) et il fait observer avec raison que l'on appelait « étrangers » tous ceux qui n'avaient point été admis à jouir du droit de cité, quoiqu'ils fussent fédérés ou amis du peuple romain.

(2) Festus, au mot *postliminium*, rapporte ce fragment d'Œlius Gallus ; — Hase (*loc. cit.*) croit que ce texte de Gallus a été altéré et interpolé.

(3) Tite-Live, liv. XXXIV, 57. Cet historien nous parle aussi de la cérémonie et du rite des traités. Cette cérémonie était encore en usage sous les empereurs ; — Suétone, *de Claudio*, n° 26.

trois sortes de traités : « Unum, quum bello victis dicerentur leges..... ; alterum, quum pares bello, æquo fœdere in pacem atque amicitiam venirent.... ; tertium esse genus, quum qui hostes nunquam fuerint, ad amicitiam sociali fœdere inter se jungendam coeant. »

Suivant Cujas, Proculus ne parlerait que des deux premières espèces d'alliances, tandis qu'Œlius Gallus aurait seulement eu en vue la troisième (1). Cette solution doit être écartée comme ne ressortant pas des termes de nos deux textes qui déclarent au contraire que, dans tous les cas, les peuples fédérés sont des étrangers.

Nous ferons la même critique à l'opinion de Grotius qui distingue plusieurs catégories d'alliés (2).

Une autre explication consiste à dire que le texte de Proculus se rapporte au *postliminium in pace*, tandis que celui d'Œlius Gallus a trait seulement au *postliminium in bello*. Quoique les raisons données par les deux auteurs pour expliquer la possibilité du *postliminium* dans notre hypothèse, ainsi que les expressions qu'ils emploient, puissent donner une certaine valeur à cette interprétation, nous préférons nous ranger à l'avis de Pothier. Ce dernier pense qu'aucun de nos textes n'établit de distinction entre

(1) Pothier, *op. cit.*, p. 545, note 3.
(2) *De jure bel. ac pac.*, 3, 9, par. 18-3°.

les peuples fédérés, pas plus qu'entre les diverses espèces de *postliminium*.

La controverse qui existait très anciennement, comme nous le rapporte Cicéron, s'est simplement renouvelée à l'époque classique, où les deux jurisconsultes dont nous citons les textes étaient d'avis différents. Les termes mêmes dans lesquels il s'exprime (*non dubito..... in opinione nostra...*) semblent bien nous donner raison.

Comme nous venons de le voir, il n'y a pas lieu de distinguer entre les personnes et les choses quant à la question de savoir entre quels peuples le *postliminium* était possible. Il en est de même pour l'époque à laquelle doit s'effectuer le retour.

La règle était que, pour que l'on pût invoquer le *jus postliminii*, il fallait revenir au cours même de la guerre qui avait été cause de la captivité : « Si eodem bello is reversus fuerit (1). » Telle ne paraît pas être l'opinion de Tryphoninus lorsqu'il nous dit : « *In bello postliminium* est, in pace autem his qui bello capti erant, de quibus *nihil* in pactis erat comprehensum (2). » D'après ce texte, le *postliminium* pouvait donc aussi se produire pendant la paix pour les prisonniers de guerre, si aucun traité n'est intervenu pour le prohiber à leur égard. Mais il est indiscutable que les paroles de Tryphoninus ont subi une alté-

(1) L. 5, par. 1, h., t.
(2) L. 12, pr. h. t.

ration; la suite du texte le prouve suffisamment : « Quia spem revertendi civibus in virtute bellica magis quam in pace, Romani esse voluerunt. » Comment expliquer cette raison du droit de retour si l'on admet qu'il pouvait avoir lieu en dehors de l'époque de la guerre?

Aussi, presque tous les interprètes sont-ils d'accord pour remplacer le mot *nihil* par le mot *id* et limiter ainsi le *postliminium in pace* à ceux qui bénéficiaient d'une clause expresse du traité de paix leur permettant de jouir du *jus postliminii* en dehors du temps voulu (1).

Est-ce là la seule hypothèse pendant laquelle le *postliminium* pouvait avoir lieu *in pace?* La loi 12, pr. à notre titre, nous cite encore un cas où exceptionnellement on pourra invoquer le *postliminium* en étant revenu pendant la paix : « Verum in pace qui pervenerumt ad alteros, si bellum subito exarcisset, eorum servi efficiuntur apud quos jam hostes suo facto (2) deprehenduntur; quibus jus postliminii est, tam in bello quam in pace; nisi fœdere cautum fuerat ne esset his jus postliminii. » Les citoyens

(1) Pierre Fabre (liv. I, 7); — Cujas (Observ. XXIV, 31), Pothier (*loc. cit.*) lisent : *id est pactis*; — Bynkershœck conserve la leçon du texte, mais rapporte le paragraphe, *in pace autem*... à la fin du texte, tandis qu'il place au début l'explication de la pensée de Tryphoninus, *quia spem*... — *V.* Pothier, *loc. cit.*

(2) L'édition Vintimilienne porte *suo facto*; — Bynkershœck, en modifiant seulement la ponctuation du texte, propose une autre interprétation. — *V.* Pothier, *op. cit.*, p. 163, note 2.

romains qu'une brusque déclaration de guerre aurait surpris chez les ennemis pourront donc, même *in pace*, invoquer la *fictio* postliminienne, à moins que les traités ne disent expressément le contraire.

Mais ces exceptions à la règle que le *postliminium* ne peut avoir lieu qu'*in bello* ne sont pas les seules. D'après Pomponius, le *jus postliminii* pourrait encore se produire *in pace* dans une autre hypothèse beaucoup plus générale: «In pace quoque jus postliminii est, nam si cum gente aliqua neque amicitiam, neque hospitium, neque fœdus amicitiæ causa factum habemus, hi hostes quidem non sunt, quod autem ex nostro ad eos pervenit illorum fit, et liber homo noster ab eis captus servus fit eorum. Idemque est si ab illis ad nos aliquid perveniat; hoc quoque igitur casu postliminium datum est (1). » Le droit postliminien sera donc accordé, même *in pace* et à l'égard d'une personne ou d'une chose, lorsque le citoyen ou l'objet capturé reviendront de chez un peuple avec lequel Rome n'avait aucune relation d'amitié.

Quant à l'époque pendant laquelle les hostilités cessaient de part et d'autre, lors d'une trêve, il n'y avait pas possibilité, durant cet intervalle, d'invoquer le *jus postliminii :* « Induciæ sunt, quum in

(1) L. 5, par. 2, h. t. — Le *postliminium* dont parle ce texte pourrait être considéré comme *postliminium in bello*, car entre Rome et les *barbari* il existait un état de guerre perpétuel.

breve et in præsens tempus convenit ne invicem se lacessant : quo tempore non est postliminium (1). »

Si l'époque du retour était de quelque importance au point de vue de l'application des règles du *postliminium*, il n'en était pas de même de la cause du retour : « Nihil interest, nous dit Florentinus, au livre 6 de ses *Institutes*, quomodo captivus reversus est : utrum dimissus, an vi, vel fallacia potestatem hostium evaserit (2). »

De quelque façon également que l'on reprît les choses tombées au pouvoir des ennemis, le droit postliminien pouvait toujours s'exercer (3).

SECTION II

Conditions spéciales au « postliminium » actif.

Les prisonniers de guerre romains ne pouvaient bénéficier du *postliminium* que sous une double condition. Il fallait, pour l'acquisition du *jus postliminii* comme pour celle de la possession, la réunion de deux éléments essentiels : le *corpus* et l'*animus* : « Nec enim satis est corpore domum quem rediisse, si mente alienus est (4). »

(1) L. 19, par. 1, h. t.
(2) L. 26, h. t. ; — Comp. L. 5, par. 3, h. t.
(3) Pothier, *loc. cit.* ; — L. 30, h. t.
(4) L. 26, h. t.

Le *corpus*, c'est la présence du captif sur le sol romain ou encore dans une ville alliée, ou chez un roi ami du peuple romain : « Postliminio rediisse videtur cum in fines nostros intraverit, sicuti amittitur ubi fines nostros excessit. Sed etsi in civitatem sociam amicamve aut ad regem socium vel amicum venerit, statim postliminio rediisse videtur, quia ibi primum nomine publico tutus esse incipiat (1). »

En second lieu, le captif doit avoir l'*animus remanendi*. Il faut qu'une fois de retour dans sa patrie il ait l'intention d'y demeurer (2). Pomponius nous fournit deux exemples de l'application de ce principe. L'un au sujet d'Attilius Regulus qui, revenu à Rome pour traiter du rachat des prisonniers faits dans la guerre avec Carthage, voulut accomplir la promesse qu'il avait faite de retourner chez les Carthaginois s'il échouait dans ses négociations (3). L'autre exemple est celui d'un interprète grec du nom de Ménandre qui, captif des Romains, avait été affranchi et admis au droit de cité. Il fut alors chargé d'une mission auprès de ses concitoyens et l'on vota une loi spéciale pour lui conserver ses droits de citoyen. Cette loi était inutile, nous dit Pomponius : « Nam, sive animus ei fuisset remanendi

(1) L. 19, par. 3 ; — Comp. L. 5, par. 1, h. t.

(2) *L'animus non remanendi* n'empêchait pas les esclaves même affranchis chez l'ennemi de redevenir la propriété de leur ancien maître, s'ils étaient de passage à Rome, (L. 12, par. 9, h. t.).

(3) Horace, liv. II, ode v ; — Cic., *de Offic.*, III, 27.

apud suos desineret esse civis, sive animus fuisset revertendi, maneret civis, et ideo esset lex supervacua (1). »

Le *jus postliminii* n'était en outre accordé qu'aux citoyens romains qui avaient été faits prisonniers contrairement à leur volonté et tout à fait malgré eux : « Si quos forte necessitas captivitatis abduxit sciant......... ad proprias terras festinare debere.... quum hoc solum requirendum sit, utrum aliquis cum barbaris voluntate fuerit, an coactus (2). »

Ne pouvaient donc jamais bénéficier de la fiction postliminienne : 1° les transfuges, c'est-à-dire ceux qui, non seulement passent chez les ennemis ou fuient pendant la guerre, mais encore ceux qui partent pendant une trêve ou se retirent chez des nations avec lesquelles Rome n'a aucune relation d'amitié pour conspirer contre la patrie (3). Mais ces principes ne s'appliquent qu'au transfuge libre. S'il s'agit d'un esclave, il retombera à son retour sous la puissance de son maître, comme nous le verrons plus tard. Il aurait pu en être de même du fils de famille, mais dans ce cas Paul nous dit que le *postliminium* n'aura pas lieu « quia disciplina castrorum antiquior

(1) L. 5, par. 3, h. t. ; — Comp. Aulu-Gelle, *Nuits attiques*, VII, 18.
(2) Const. 19, au Code, h. t., VIII, 51.
(3) L. 19, D., par. 4 et 8, h. t. ; — Comp. L. 8, par. 2, et L. 38, par. 1, Dig., *de Pœnis*, XLVIII, 19 ; — L. 14, Dig., *ex quib. caus. maj.*, IV, 6 ; — L. 3, par. 6, D., *ad Leg. Cornel. de sicar.*, XLVIII, 8.

fuit parentibus romanis quam caritas liberorum (1). »

On assimilait aux transfuges les soldats qui s'étaient laissés surprendre dans le camp, *in præsidio* (2);

2° Ceux en faveur desquels un traité avait stipulé le droit de retour dans leur patrie et qui avaient préféré rester chez l'ennemi (3). Ce cas devait se présenter rarement, car les traités ne contenaient pas habituellement des semblables clauses. Les Romains préféraient, comme ils le firent après la bataille de Cannes et malgré les propositions d'Annibal, enrôler des esclaves que racheter des prisonniers;

3° Les soldats qui s'étaient rendus à discrétion, bien que ce fût parfois le seul parti à prendre, sauf à se donner la mort (4);

4° Les *dediti*, c'est-à-dire ceux qui, pour certains motifs, étaient livrés aux ennemis, par exemple pour avoir porté atteinte à l'inviolabilité des ambassadeurs ou pour avoir consenti un traité déshonorant que les Romains refusaient de ratifier (5).

Mais il fallait qu'à leur retour les *dediti* ne soient

(1) L. 19, par. 7, h. t.

(2) L. 5, par. 5, *de Re milit.*, XLIX, 16.

(3) L. 20 pr., h. t.

(4) L. 17, h. t.

(5) La *deditio hostibus* était une sorte d'extradition des nationaux faite par le prince des Féciaux, le *paterpatratus* suivant un rite particulier. — Tite-Live, IX, 10. — Le *paterpatratus* prononçait également certaines paroles sacramentelles lors de la confection des traités. — V. les passages de Tite-Live déjà cités à ce sujet. — La *deditio* devenait une sorte d'expulsion lorsqu'on livrait le national sans qu'il eût été demandé par les ennemis. — L. 4, D., h. t.

pas reçus par leurs concitoyens (L. 4, h. t.). Si la *deditio* était acceptée par l'ennemi, le *postliminium* n'était plus possible, à moins que l'on acceptât le *deditus* à son retour. Mais qu'arrivait-il si l'ennemi refusait le *deditus ?*

Cicéron (1) assimile ce cas à celui d'une donation non acceptée et prétend que l'individu n'est pas à proprement parler *deditus*. Aussi, conclut Cicéron, le *postliminium* lui sera-t-il applicable (2). La doctrine contraire, dans laquelle on assimilait le *deditus* à celui contre lequel on avait prononcé l'*interdictio ignis et aquæ, qui ex civitate explusisse videretur*, avait fini par prévaloir. Tel est l'avis de Publius Mucius qui nous est rapporté par Pomponius (3). La question s'était présentée au sujet du consul Hostilius Mancinus livré aux Numantins et que ceux-ci n'avaient pas voulu recevoir. Une loi avait dû intervenir pour lui rendre ses droits de citoyen.

Dans une circonstance analogue, lorsque les Corses réfusèrent de recevoir Marcus Claudius qui avait signé avec eux un traité défavorable aux Romains, le Sénat, loin de lui accorder le *jus postliminii* ne vit en lui qu'un esclave et le condamna à mort (4);

(1) *Topiques*, VIII.
(2) Cette opinion est également celle de Grotius et de Cujas (*l. c.*); — Comp. Pothier, *op. cit.*
(3) L. 17, D., *de Legationibus*, L. 7; — Comp. Cic., *de Orat.*, I, 40.
(4) Valère Maxime, XI, 33.

5° Ceux auxquels un traité refusait expressément le *postliminium* (1).

SECTION III

Conditions spéciales au « postliminium » passif.

Pour que les choses capturées par les ennemis puissent faire l'objet du *postliminium*, il faut non seulement qu'elles soient revenues sur le territoire romain, mais encore qu'elles soient en la possession de leur ancien maître ou d'un autre citoyen. C'est pour cela que tant que l'esclave captif revenu à Rome n'est rentré sous la puissance de personne, son retour ne peut pas produire les effets du *postliminium* (2).

De plus, toutes les choses ne pouvaient pas être recouvrées *jure postliminii* (3). Nous ne trouvons cependant dans aucun texte une liste complète des choses auxquelles s'appliquait le *postliminium*. Cela tient probablement à ce que le domaine de notre institution s'est étendu peu à peu au fur et à mesure des besoins de la pratique ou du progrès de la civilisation. La théorie du *postliminium* n'a pas été en effet créée de toutes pièces par une loi unique, ce

(1) L. 12 pr., *in fine*, h. t. Il ne s'agit ici que de ceux qui peuvent invoquer le *postliminium tam in bello quam in pace*.
(2) L. 30, h. t.
(3) Grotius, *l. c.*

qui aurait permis de déterminer d'une façon précise les choses auxquelles on pouvait l'appliquer.

Le *postliminium* passif peut tout d'abord étendre ses effets sur les propriétés territoriales : « Verum est expulsis hostibus ex agris quos ceperint dominia eorum ad priores dominos redire ne aut publicari aut prædæ loco cedere : publicatur enim ille ager, qui ex hostibus captus sit (1). »

Quant aux meubles, Cicéron nous dit dans ses *Topiques :* « Postliminio redemunt hæc homo, navis, mulus clitellarius, equus, equa quæ frena recipere solet (2). »

Les esclaves, même transfuges, pouvaient, à leur retour, être revendiqués *jure postliminii* par leur maître, dont on ne voulait pas léser le droit de propriété (3). Cependant lorsque l'esclave sera un *statuliber*, c'est-à-dire un esclave affranchi sous condition dans un testament (4), le *jus postliminii* ne pourra pas avoir lieu si la condition s'est accomplie pendant la captivité. Cet esclave, qui est réputé avoir été libre déjà avant son retour, doit se voir appliquer les règles concernant les hommes libres en cette matière (5).

(1) L. 20, par. 1, h. t. ; — Pothier, *loc. cit.*
(2) *Top.* VIII, l. 2 et 3, h. t.
(3) L. 19, par. 5 et 10, h. t. ; — Const. 19, Code, h. t. ; — L. 28, h. t.
(4) Accarias, *op. cit.*, I, n° 56.
(5) L. 19, par. 6, h. t.

Quant aux navires, le *postliminium* n'y sera applicable que si ce sont des vaisseaux de guerre, des galères ou de grands bateaux de transport. Les navires de pêche ou de plaisance ne pourront pas être recouvrés *jure postliminii* (1).

Le *postliminium* ne s'appliquera jamais aux armes et aux vêtements : « Quippe nec sine flagitio amittuntur (2). » Il en sera de même de la solde ou des gratifications distribuées en l'absence du soldat captif (3).

(1) L. 2, h. t.
(2) L. 2, *in fine*, et L. 3, h. t.
(3) Const., I, Code, *de Re militari*, XII, 36.

CHAPITRE III

EFFETS DU « POSTLIMINIUM. » — LOI « CORNELIA »

En définissant le *postliminium*, nous avons vu que son effet général était de faire considérer la personne ou la chose capturées comme n'étant jamais tombées au pouvoir des ennemis.

Mais à côté de ce principe vient s'en placer un autre : tout ce qui consiste dans un fait ne saurait jouir du bénéfice postliminien (1) : « Facti autem causæ infectæ nulla constitutione fieri possunt. »

C'est l'application de ces deux principes aux différentes parties du Droit que nous allons faire en étudiant en détail les effets du *postliminium* dans deux sections distinctes : la première, consacrée aux effets du *postliminium* relatifs aux personnes; la seconde, à ceux du *jus postliminii* relatif aux choses.

(1) L. 12, par. 2 et 6, h. t.

SECTION I

Effets du « postliminium » relatifs aux personnes.

A.— DROITS DE FAMILLE

§ 1. — *Mariage.*

1° *Captivité de l'un des époux.* — Dans le Droit romain primitif et à l'époque classique, la captivité de l'un des époux était une cause de dissolution du mariage (1). Le *postliminium* ne pouvait pas restituer aux époux leur ancienne situation au retour du captif. « Dirimitur matrimonium, nous dit Paul, divortio, morte, captivitate (2). » Tryphoninus n'est pas moins précis : « Sed captivi uxor, tamen si maxime velit, et in domo ejus sit, non tamen in matrimonio est (3). » La même solution se dégage de plusieurs autres textes (4).

On oppose à l'opinion que nous venons de soutenir sur la dissolution définitive du mariage par la captivité de l'un des époux un texte de Julien ainsi conçu : « Uxores eorum qui in hostium potestate pervenerunt possunt videri nuptiarum loco retinere

(1) L. 8, h. t.; — L. 12, par. 4, h. t.; — Buhl, *op. cit.*, p. 258; — Hase, *op. cit.*, p. 91 et suiv.; — Bechmann, *op. cit.*, p. 44 et suiv.; Maynz, *op. cit.*, III, p. 67; — Ortolan, *Explic. hist. des Inst.*, II, p. 98 (11e éd.).

(2) L. 1, D., *de Divortiis et repud.*, XXIV, 2.

(3) L. 12, par. 4, h. t.

(4) L. 14, par. 1, h. t.; — L. 45, par. 6, D., *de Ritu nupt.*, XXIII, 2; — L. 56, D., *sol. matr. dos quemadm. putatur*, XXIV, 3.

eo solo quod alii temere nubere non possunt. Et generaliter definiendum est, donec certum est maritum vivere in captivitate constitutum, nullam habere licentiam uxores eorum migrare ad aliud matrimonium, nisi mallent ipsæ mulieres causam repudii præstare (1). » Dans le cas où l'on ne sait pas si le captif vit encore ou s'il est décédé, ajoute encore Julien, la femme pourra, cinq ans après le commencement de cette captivité, convoler à de secondes noces; dans ce cas, on suppose le premier mariage dissous *bona gratia*. La même règle sera applicable dans le cas où la captivité sera subie par la femme.

Comme nous le voyons, d'après Julien, la captivité n'aurait pas pour effet de dissoudre le mariage. Mais on est d'accord pour admettre que ce texte a été interpolé. Aucun jurisconsulte de l'époque classique et même postérieure à Julien ne cite ce délai de cinq ans à la fin duquel le conjoint pourrait se remarier; nous le retrouvons seulement sous Justinien dans la Novelle 22 (cap. VII), qui offre au reste, avec la loi 6, une grande similitude d'expressions. Il est donc certain que ce fragment de Julien a été remanié et mis en harmonie avec le droit nouveau par les rédacteurs du Digeste.

La loi 8 (*in fine*), à notre titre, a également été interpolée. Il n'était pas vrai avant Justinien que la

(1) L. 6, D., *de Divort. et repudiis*, XXIV, 2.

femme qui refusait de se replacer dans les liens du mariage sans motif plausible se vît appliquer les peines du divorce (1).

Une seule exception était admise à la règle que nous avons posée : le mariage d'un patron avec son affranchie était maintenu pendant la captivité du mari *propter patronati reverentiam* (2).

2° *Captivité des deux conjoints.* — Le mariage, au contraire, n'est pas dissous d'une façon définitive dans le cas où les deux conjoints ont été emmenés ensemble chez l'ennemi et sont ensuite revenus dans leur patrie. Un rescrit des empereurs Sévère et Antonin décide, en effet, que leur mariage sera censé n'avoir jamais cessé d'exister, et que l'enfant né en captivité sera *justus* et *in potestate patris* (3).

Ulpien nous dit que le mari sera fondé à poursuivre sa femme pour adultère commis chez l'ennemi, mais cette solution est exceptionnelle : « *Benignius* dicetur posse adulterium accusare (4). »

(1) Accarias, *op. cit.*, p. 176, note 1. — Paul déclare au reste partout ailleurs que le mariage est dissous. — L. 8, *in princ.* ; — L. 56, D., *sol. matr. dos quemadm. putatur*, XXIV, 3.

(2) L. 28, 29, 45, par. 6, 50, D., *de Ritu nupt.*, XXIII, 2 ; — Buhl, *op. cit.*, p. 259.

(3) L. 25, h. t.

(4) L. 13, par. 7, D., *ad Leg. Juliam de adult. coercend.*, XLVIII, 5. — On pourrait argumenter des deux solutions que nous venons de donner dans les deux cas que nous avons examinés pour soutenir qu'il n'y a pas mariage en Droit romain, sans possibilité de cohabitation constante entre les époux. — Comp. Paul, II, 19, par. 8 ; — L. 5, D., *de Rit. nupt.*, XXIII, 2 ; — Accarias, *op. cit.*, p. 175 et 176.

Si un seul des époux revient à Rome, le mariage sera dissous, comme dans la première hypothèse que nous avons étudiée.

Les premières modifications apportées à cette législation furent l'œuvre de Constantin. Cet empereur décida, en effet, que la femme du captif qui, pendant quatre ans, n'aurait reçu de lui aucune nouvelle, pourrait, après en avoir informé le général de son mari, contracter une nouvelle union, sans être exposée à perdre sa dot ni à subir la peine capitale : « Quæ post tam magni temporis jugitatem non temere nec clauculo, sed publice contestatione deposita nupsisse firmatur (1). »

Justinien exigea plus tard que le conjoint du captif attendît un espace de cinq ans. Ce délai écoulé, il pouvait se remarier, bien que le sort du prisonnier restât incertain (2).

Quelque temps après, Justinien porta le délai à dix ans et imposa à la femme du captif l'obligation d'écrire à son mari pour l'informer de son intention. Si le prisonnier renonçait expressément au mariage ou gardait le silence, elle devait adresser un libelle à son général et pouvait alors se remarier sans encourir les peines édictées contre ceux qui se remarient témérairement (3).

(1) L. 7, Code, *de Repudiis et judic. de mor. sublato*, V, 17.
(2) Nov. XXII, cap. 7.
(3) Nov. XXII, cap. 14.

Enfin, ce même empereur modifia encore cette législation en décidant que, quelque longue que soit l'absence du mari, la femme ne pourra jamais se remarier à moins qu'elle ne vienne à apprendre sa mort. En ce cas, elle devait obtenir des chefs de son mari le serment que celui-ci était véritablement décédé. Si le serment était prêté, il fallait encore que la femme attendît une année avant de pouvoir convoler à de secondes noces. L'inobservation de ces conditions entraînait pour elle et son mari les peines de l'adultère (1).

L'empereur Léon le Philosophe fit un pas de plus. Il exigea que la femme du captif qui voudrait se remarier fît la preuve du décès de son mari (2). C'était admettre l'indissolubilité du mariage.

§ 2. — *Puissance paternelle.*

Trois hypothèses peuvent se présenter : ou bien c'est le *paterfamilias* seul qui est tombé entre les mains des ennemis et est devenu captif, ou bien c'est le *filiusfamilias*, ou encore c'est le père et le fils qui ont été emmenés ensemble en captivité. Examinons séparément ces trois cas.

1° *Captivité du paterfamilias.* — Le père de famille qui a été fait prisonnier recouvrera *jure post-*

(1) Nov. CXVII, cap. 11.
(2) Nov., *Leon. const.*, XXXIII.

liminii tous les droits qu'il avait sur son enfant lorsqu'il sera de retour dans sa patrie (1). Mais durant la captivité, la puissance paternelle avait-elle cessé d'une façon complète, l'enfant était-il devenu *sui juris* ou bien son état restait-il en suspens pour n'être déterminé définitivement qu'à la mort ou à la libération du prisonnier (2)?

Ulpien nous dit d'une façon formelle que l'état du fils restait en suspens : « Quamdiu apud hostes est, patria potestas in filio ejus interim pendebit (3). » Gaius est du même avis : « Quod si ab hostibus captus fuerit parens, quamvis servus interim hostium fiat, pendet jus liberorum propter jus postliminii (4). »

Cependant, un texte de Paul semble contenir l'opinion contraire : « Pater ab hostibus captus, nous dit en effet ce jurisconsulte, desinit habere filios in potestate (5). » La puissance paternelle prendrait-elle fin immédiatement par le seul fait de la captivité? Nous ne le croyons pas et nous pensons au contraire qu'il faut maintenir la doctrine d'Ulpien et de Gaius Le texte de Paul n'envisage en aucune manière le point de vue juridique ; il constate simplement un

(1) Ulpien, *Regul.*, tit. X, 4.

(2) Gaius, C. I, 129 ; — Accarias, *op. cit.*, t. I, p. 271 (éd. 1879) ; — Demangeat, t. I, p. 305, *Cours élém. de Dr. rom.*

(3) Ulp., X, 4.

(4) Gaius, C. I, 129 ; — Comp. Maynz, *op. cit.*, III, p. 108 ; — Namur, *Cours d'Instit. et d'hist. du Dr. rom.*, I, p. 80.

(5) Sent., liv. II, tit. XXV, 1.

fait sans prétendre en dégager aucune règle de Droit.

On pourrait encore nous objecter un texte de Tryphoninus qui permet au fils de se remarier sans le consentement de son père captif. Mais cette règle constitue simplement une dérogation aux principes par suite de considérations tout à fait particulières et spéciales : « Quia illius temporis conditio necessitasque faciebat et publica nuptiarum utilitas exigebat (1). »

La vérité de notre doctrine apparaît d'ailleurs dans plusieurs autres décisions. C'est ainsi qu'Ulpien nous apprend que l'on ne donne pas de tuteur au fils du captif, mais seulement un curateur aux biens (2). De même le *filiusfamilias* aura dans la même hypothèse le droit d'invoquer le bénéfice du sénatus-consulte Macédonien, qui était réservé aux fils de famille (3).

A son retour de captivité, le père recouvre la puissance paternelle, non seulement sur son fils, mais encore sur ses petits-fils (4) ;

(1) L. 12, par. 3, h. t. ; — Comp. L. 7, par. 1, D., *de Sponsalibus*, XXIII, 1. — Ulpien, Paul et Julien reconnaissent ce même droit à l'enfant (L. 9, par. 1, L. 10, L. 11, D., XXIII, 2). Ces textes ont subi une interpolation quant au délai de trois ans dont ils parlent et qui n'a été établi que par Justinien. Aucune controverse ne s'est élevée au sujet du mariage des filles, car dans ce cas on n'avait pas à se préoccuper de la règle *nemini invito hæres suus agnoscitur*.

(2) L. 6, par. 4, D., *de Tutelis*, XXVI, 1.

(3) L. 1, par. 10, *de Senatus-cons. Macédon.*, XIV, 6.

(4) L. 12, par. 4, h. t.; — L. 23, h. t. — Consult. sur tous ces

2° *Captivité du filiusfamilias.* — La captivité du fils de famille produit le même effet que celle du *paterfamilias :* elle laisse les droits du père en suspens. « Ipse quoque filius neposve si ab hostibus captus est, similiter dicimus, propter jus postliminii, potestatem quoque parentis in suspenso esse. »

Nous trouvons à notre titre, au Digeste, une conséquence directe de ce principe : si, pendant la captivité du fils, le père se donne en adrogation à un tiers qui l'émancipe dans la suite, le *filiusfamilias* se trouve à son retour sous la puissance de l'adrogeant (1). Le *postliminium* permettant de supposer que la captivité n'a jamais existé, c'est en effet sous la puissance de l'adrogeant que le fils serait tombé s'il fût resté dans sa patrie (2);

3° *Captivité du paterfamilias et du filiusfamilias.* — Supposons enfin que le père et le fils aient été fait ensemble prisonniers. La puissance paternelle subsiste sous la condition suspensive du retour des deux captifs. Mais qu'arriverait-il si le fils a été conçu *apud hostes* dans le cas où les deux conjoints ont été emmenés en captivité. En s'attachant à cette

points Bechmann, *op. cit.*, p. 15 et suiv. — Si le père de famille meurt en captivité, son fils sera censé avoir été *sui juris* à partir du moment où son père est tombé au pouvoir des ennemis en vertu de la loi *Cornelia.* Cette règle ne fut entièrement vraie qu'à l'époque de l'extension complète de la loi *Cornelia.* — Accarias, *op. cit.*, p. 271.

(1) L. 13, h. t.

(2) Bechmann, *op. cit.*, p. 34 et suiv.

idée que le *postliminium* ne rend que la condition perdue par les prisonniers de guerre, on devrait dire que cet enfant ne retirera aucun bénéfice de la fiction postliminienne et qu'il sera toujours considéré comme un esclave. Mais, par faveur pour la légitimité, un rescrit des empereurs Sévère et Antonin décida que si le *filiusfamilias* revenait avec ses parents, il se trouverait sous la puissance de son père et suivrait la condition de ce dernier (1).

Dans le cas où le père viendrait à mourir *apud hostes* et où l'enfant reviendrait à Rome avec sa mère, la fiction de la loi *Cornelia*, qui suppose le père mort au moment de sa capture par l'ennemi, ne permet pas d'attribuer à celui-ci la conception de l'enfant. Par conséquent, le fils suivra la condition de sa mère et sera considéré comme *spurius* (2).

Léon le Philosophe, par des raisons d'équité faciles à comprendre, supprima toute distinction entre le retour du père et son décès chez l'ennemi. Dans tous les cas, l'enfant sera rattaché à son père (3).

§ 3. — *Tutelle.*

Que ce soit le tuteur ou le pupille qui soit fait prisonnier, leur captivité fera cesser la tutelle et les

(1) Const., 1, Code, h. t. ; — L. 9 et 25, D., h. t.

(2) L. 25, h. t. — Ulpien rattache cet enfant à son grand-père paternel et lui donne des droits sur sa succession. L. 6, par. 1 et 2, D., *de Injusto rupto irrito facto testamento*, XXVIII, 3.

(3) Nov. XXXVI.

fidéjusseurs qui en garantissaient la gestion pourront immédiatement être poursuivis (1). Mais le tuteur ne perd définitivement ses droits que s'il meurt en captivité. S'il revient à Rome, la tutelle lui sera rendue par l'effet du *postliminium* et sera censée n'avoir jamais été interrompue (2). Aussi, pendant la captivité du tuteur, comme on peut espérer son retour, on ne le remplacera pas par un tuteur légitime : l'agnat le plus proche, mais par un tuteur provisoire nommé par la loi *Atilia*, si c'est à Rome, et les lois *Julia* et *Titia* dans les provinces (3).

Lorsque les biens du pupille étaient gérés par plusieurs tuteurs, ceux qui restaient à Rome administraient seuls ces mêmes biens (4).

Si ce que nous venons de dire au sujet de la tutelle dérive des principes généraux de notre matière, il semble n'en être pas de même de la décision que nous donne Ulpien dans la loi 15 au Digeste (XXVI, 1) : « Si quis tutor non sit captus ab hostibus, sed missus ad eos quasi legatus, aut etiam receptus ab eis, aut transfugerit : quia servus non efficitur, tutor manet ; sed interim a præsidibus alius tutor dabitur. »

(1) *Inst.*, liv. I, tit. 22, par. 4 ; — L. 14, par. 1 et 2, D., *de Tutelis*, XXVI, p. 1 ; — L. 7, par. 1, D., *de Tutel. et ration. distrah. et util. curation. causa actione*, XXVII, 3.

(2) L. 8, D., *de Tut. et rat. distr. et util. curat. causa actione*, XXVII, 3 ; — Gaius, I, 187 ; — *Inst.*, liv. I, tit. XX, 2 ; — Bechmann, *op. cit.*, p. 41.

(3) Gaius et *Inst.*, *eod. loc.* ; — L. I, par 2, D., *de Legitim. tutoribus*, XXVI, 4 ; — L. 11, D., *de Testament. tutela*, XXVI, 2.

(4) L. 3, par. 5, D., *de Legit. tut.*, XXVI, 4.

Comment s'expliquer d'après ce texte que le tuteur transfuge puisse bénéficier du *postliminium?*

Cujas (1) soutient que la perte de la cité n'emporte pas toujours la perte du droit de tutelle. D'après cet auteur, il faudrait distinguer suivant que celui qui perd la cité romaine en acquiert une autre ou demeure sans patrie. Dans le premier cas, la tutelle subsisterait, car rien n'empêche de déférer la gestion des biens d'un pupille à un étranger. Cette opinion, qui s'appuie sur une traduction inexacte d'un texte d'Ulpien, ne saurait prévaloir en face de la règle que nous trouvons dans les *Institutes :* « Sed et capitis deminutione tutoris, per quam libertas vel civitas ejus amittitur, omnis tutela perit. »

Hase (2) pense que le texte d'Ulpien n'a pas en vue la situation du *deditus* et du transfuge, mais détermine seulement celle de l'ambassadeur.

On pourrait soutenir avec plus de raison, croyons-nous, que dans les trois hypothèses du texte il n'y a pas perte de la tutelle parce qu'il n'y a pas perte de la nationalité ; *media capitis deminutio*. Cela n'est pas douteux pour le *legatus* ou pour le transfuge, car on ne perd pas la nationalité seulement *facto*, par la fuite, mais encore *animo*, par l'intention. Pour le *receptus ab hostibus*, c'est plus difficile à soutenir, mais ne pourrait-on pas penser

(1) *Observat.*, IV, 9; — L. 10, D., *de Tutelis*, XXVI, 1.
(2) Hase, *op. cit.*, p. 96.

que, de même qu'il se trouvait des jurisconsultes qui croyaient qu'il n'y avait pas perte de nationalité quand le *deditus* n'était pas *receptus*, il s'en rencontrait d'autres n'admettant pas cette perte de nationalité même au cas de *receptio*.

B. — DROITS SUCCESSORAUX

§ 1. — *Hérédité du captif.*

Le prisonnier peut mourir *intestat* ou après avoir laissé des dispositions testamentaires. Il peut également décéder *apud hostes* ou après être revenu dans sa patrie.

1° *Succession ab intestat.* — Supposons d'abord que le captif est mort chez l'ennemi. Ulpien nous dit que dans ce cas la succession sera dévolue à ceux qui auraient été les héritiers du captif s'il était décédé au jour où il a perdu la liberté : « Eum quoque qui ab hostibus captus est, quoniam per legem Corneliam successio his defertur, quibus deferretur si in civitate decessisset (1). »

Cette succession *ab intestat* sera donc réglée d'après les principes ordinaires. Les héritiers externes, qui n'acquièrent l'hérédité qu'en faisant adition, ne pourront être saisis de la succession et la transmettre eux-mêmes à leurs héritiers qu'à la mort naturelle du captif (2).

(1) L. 1 pr., D., *de Suis et legit. hered.*, XXXVIII, 16.
(2) Const., 4, Code, h. t.

Il pouvait se faire que l'incertitude sur la mort du prisonnier se prolongeât pendant de longues années et que les héritiers apparents eussent alors un grand intérêt à être mis en possession au moins provisoire de son patrimoine. Aussi, pendant tout le temps de cette incertitude, le préteur accorde-t-il aux héritiers une *bonorum possessio decretalis* qui dure jusqu'à ce que le sort du captif soit connu (1).

Lorsque sa mort sera certaine, l'héritier demandera la *bonorum possessio*, qui sera alors *edictalis*, pour devenir maître définitif des biens du captif (2).

Si le père et le fils ont été faits ensemble prisonniers et que le père meure *apud hostes*, tandis que le fils revient à Rome, l'hérédité du père sera attribuée au fils. Peu importe que le père soit mort avant ou après le retour du fils, puisqu'en vertu de la loi *Cornelia* l'époque de sa mort sera fixée au jour où il a été pris par l'ennemi. Aussi, une constitution des empereurs Dioclétien et Maximien déclare-t-elle que le préteur devra accorder une action utile par laquelle le fils pourra recouvrer les biens laissés par son père, à moins que l'on ne puisse induire du retard qu'il a mis à les réclamer sa volonté à renoncer à l'hérédité (3).

(1) L. 12 pr., D., *de Bonor. poss.*, XXXVII, 1 ; — L. 4, Code, h. t. Comp. Cujas et Retes, *op. cit.*
(2) L. 3, par. 6 ; D., *de Bon. poss.*, XXXVII, 1.
(3) Const., 9. Code, h. t.

Si nous supposons maintenant que le captif meure *intestat* après son retour dans sa patrie, sa succession s'ouvrira conformément aux principes du droit commun sans tenir compte, en vertu du *jus postliminii*, du temps passé chez l'ennemi.

2° *Succession testamentaire.* — Examinons d'abord l'hypothèse où le citoyen romain est déjà captif lorsqu'il fait son testament. En ce cas, le testament n'aura aucune valeur : « Ejus qui apud hostes est testamentum quod ibi fecit non valet, quamvis redierit (1). » Le captif est devenu l'esclave de l'ennemi ; or aucun esclave ne saurait tester (2). Le testateur reviendrait-il à Rome, son retour ne saurait valider son testament, car un acte nul à l'origine ne saurait devenir valable. En outre, tout ce qui consiste en un fait ne saurait être soumis, comme nous l'avons déjà dit, aux règles du *postliminium*.

L'empereur Léon le Philosophe, dans sa Novelle XL, permit au prisonnier de tester pendant sa captivité, mais il subordonna ce droit à certaines conditions. Le testament du captif devait être fait devant trois témoins ; en second lieu, le testateur ne pouvait faire aucune disposition en faveur des ennemis ; enfin, s'il laissait des enfants ou des descendants,

(1) L. 8, pr., D., *qui testam. facere poss. et quemadm. test. fiant.*, XXVIII, 1 ; — *Inst.*, liv. II, tit. 12, 5.

(2) L. 16, pr., D., *qui test. fac. poss. et quemadm. test. fiant*, XXVIII, 1. — L. 29, 201, 210, D., *de Diversis regul. juris antiqui* ; — L. 17.

il devait les appeler tous à la succession sans attributions de parts et, à leur défaut seulement, il pouvait instituer des étrangers.

Le principe que nous venons de poser pour les testaments est-il le même pour les codicilles ? Marcien déclare entachés de nullité absolue tous les codicilles qui ont été fait en captivité (1). Tryphoninus au contraire établit une exception, *humanitatis ratione*, au profit du captif de retour dont les codicilles ont été confirmés par avance dans un testament antérieur à la captivité (2). Au point de vue du droit strict, l'opinion de Marcien est la meilleure ; mais il est possible que l'avis de Tryphoninus ait prévalu comme plus conforme à l'équité.

Examinons maintenant le cas où le citoyen romain a testé avant d'être fait prisonnier. Deux hypothèses peuvent se présenter : ou bien le prisonnier reviendra dans sa patrie, ou bien il mourra en captivité.

1° Supposons en premier lieu que le captif revienne dans sa patrie. Le sort du testament qu'il a fait avant de tomber au pouvoir de l'ennemi est tenu en suspens. Ce testament est en effet valable sous la condition suspensive du retour du captif. Si donc celui-ci revient à Rome, le testament aura la même valeur qu'il avait à son origine : « Si is qui testamen-

(1) L. 7, pr., D., *de Jure codicillorum*, XXIX, 7; — L. 6, par. 3, D., *eod. tit.*

(2) L. 12, par. 5, h. t.

tum fecit ab hostibus captus sit, testamentum ejus valet, siquidem reversus fuerit, jure postliminii (1). »

Le testament du père de famille serait encore valable dans l'hypothèse de la captivité du fils, puisqu'à son retour l'enfant doit être traité comme s'il n'avait jamais quitté sa patrie (2); aussi l'exhérédation prononcée contre lui par ce testament conserverait-elle tout son effet (3). Si le fils de retour avait été omis dans le testament du père, ce testament serait *injustum* et non *ruptum*, bien que le fils eût été captif au moment de la confection du testament, car il est rétroactivement considéré comme n'ayant jamais été en captivité (4).

2° Le captif peut en second lieu être mort *apud hostes*. Dans ce cas, le testament devait être nul, puisque le testateur était mort esclave; mais la loi *Cornelia* vint, comme nous l'avons vu, modifier les principes du Droit sur cette matière. « Lege *Cornelia* testamenta eorum qui in hostium potestate decesserint perinde confirmantur ac si hi, qui ea fecissent, in hostium potestate non pervenissent (5). » Le testament fait avant la captivité par le prisonnier qui meurt chez l'ennemi

(1) Ulp., *Reg.*, XXIII, 5; — L. 6, par. 12; — L. 9, D., *de Injust. rupt. irrit. fact. test.*, XXVIII, 3.
(2) L. 10, *eod. tit.*
(3) L. 8, par. 9; D., *de Bon. possess. contra tabulas*, XXXVII, 4.
(4) L. 6, par. 1; D. *de Injust. rupt. irrit. fact. test.*, XXVIII, 3; — Ulp., *Reg.*, 22, 16; — Gaius, C. II, 123.
(5) L. 12, D., *qui test. fac. possunt et quemadm. test. fiant.*, XXVIII, 1; — L. 18, h. t.

est donc pleinement valable. Par conséquent, toutes les règles qui s'appliquent au testament du citoyen romain mort *in civitate* s'appliquent également à celui du prisonnier décédé *apud hostes*. L'héritier qui recueille une succession en vertu de la loi *Cornelia* est donc à proprement parler l'héritier testamentaire du captif (1). Ceux pour lesquels l'adition d'hérédité est nécessaire pourront faire adition en vertu d'un testamment ainsi validé (2). Le partage de l'hérédité pourra encore avoir lieu, dans le cas de pluralité d'héritiers (3); on pourra opposer l'exception *de tabulis exhibendis* (4), demander la *bonorum possessio contra tabulas* ou *secundum tabulas* (5), faire appliquer la loi Falcidie (6). Enfin, bien qu'à sa mort le captif n'ait plus ni la puissance paternelle ni la puissance dominicale, ses enfants seront ses héritiers siens, et il pourra avoir un de ses esclaves comme héritier nécessaire (7).

La loi *Cornelia* n'empêcherait pas le testament du prisonnier d'être *ruptum* si un enfant né de la femme laissée enceinte par le captif y avait été omis, en admettant même que cet enfant mourût dans la suite :

(1) L. 18, pr., D., *ad Leg. Falcidiam*, XXXV, 2.
(2) L. 32, D., *de Acquir. vel amit. hered.*, XXIX, 2.
(3) L. 25, pr., D., *familiæ ercisc.*, X, 2.
(4) L. 1, par. 9, D., *de Tabul. exhib.*, XLIII, 4.
(5) L. 3, par. 6, D., *de Bon. poss.*, XXXVII, 1; — L. 4, par. 2, D., *de Bonis libert.*, XXXVIII, 2.
(6) L. 1, par. 1, D., *ad leg. Falcidiam*, XXXV, 2.
(7) L. 39, D., *de Test. milit.*, XXIX, 1; — L. 14, pr., D., *de Castr. pecul.*, XLIX, 17.

« Si quis, cum prægnantem uxorem haberet, in hostium potestatem pervenerit, nato deinde filio et mortuo ibi decesserit, ejus testamentum nullum est, quia et eorum, qui in civitate manserunt, hoc casu testamenta rumpuntur (1). »

La loi *Cornelia* rend encore valable le testament du fils de famille soldat, fait prisonnier et mort chez l'ennemi (2). Si ce fils de famille a laissé un fils omis dans son testament, et si le père de famille meurt pendant la captivité en omettant aussi son petit-fils, le testament du *paterfamilias* sera *ruptum* par suite de la présence de son petit-fils, son héritier sien. Le testament, du fils militaire sera au contraire valable, car à l'époque où il a été fait, ce dernier n'avait pas d'héritier sien, puisqu'il est réputé mort *filiusfamilias* (3).

Les tutelles testamentaires contenues dans le testament du captif seront également maintenues par l'effet de la loi *Cornelia*. D'après Paul, cette loi confirmerait même les tutelles légitimes : « Qua lege etiam legitimæ tutelæ hereditatesque firmantur (4). »

Il ne peut évidemment pas être question dans ce

(1) L. 22, par. 4, h. t. ; — L. 2, Code, *de Postum. hered. Instituend., vel ex hered. vel præterit.*, VI, 29 ; — L. 15, D., *de Inj. rupt. init. fact. test.*, XXVIII, 3 ; — Comp. Hase, *op. cit.*, p. 210.

(2) L. 14, D., *de Castr. pecul.*, XLIX, 17.

(3) L. 39, D., *de Test. milit.*, XXIX, 1. — Consult. sur tous ces points Bechmann, *op. cit.*, p. 73 et suiv. et p. 88 et suiv.

(4) Sent., liv. III, t. 4, A, par. 8.

texte de la tutelle qu'exerçait le captif, pas plus que de celle dont il était l'objet, puisque, étant réputé mort le jour où il a été fait prisonnier, il ne pouvait plus être ni tuteur ni pupille. Faut-il supposer que le captif ayant laissé un fils impubère, ce fils devient le pupille de l'agnat le plus proche ? Mais en l'absence de la loi *Cornelia* le résultat serait le même à l'égard de cette tutelle, puisque le père serait considéré comme esclave à partir de sa captivité et son fils comme *sui juris* et pupille de l'agnat le plus proche.

Comment donc expliquer le texte de Paul ? La dévolution est de principe en matière de tutelle légitime pour le cas où le premier agnat viendrait à mourir ou à subir une *capitis deminutio* ; mais lorsque le premier agnat tombe en captivité, l'espoir du retour faisant tenir ses droits en suspens, au lieu d'un tuteur légitime qui serait l'agnat le plus proche en degré après lui, c'est un tuteur atilien qu'on donne à l'enfant impubère. Or, si nous admettons que, par erreur ou pour tout autre raison, cet agnat le plus proche s'est emparé de la tutelle, il faudra dire d'après le texte de Paul que la loi *Cornelia* confirmera cette tutelle légitime. Telle est l'explication donnée par M. Demangeat (1). Nous ferons observer que, dans cette hypothèse encore, si la loi *Cornelia* n'existait pas, cela n'empêcherait pas le même

(1) Demangeat, *loc. cit.*

résultat de se produire. Le tuteur captif serait en effet considéré comme esclave du jour de sa captivité en supposant qu'il meurt *apud hostes*. Si donc le second agnat s'emparait de la tutelle, cette sorte d'usurpation de ses droits serait confirmée par cela seul que le *postliminium* ne pourra plus s'exercer.

Nous ne voyons qu'une hypothèse dans laquelle la loi *Cornelia* confirme indirectement une tutelle légitime. Il faut supposer qu'un patron a assigné un affranchi à l'un de ses fils par testament et qu'ensuite il est mort en captivité. La loi *Cornelia*, en confirmant ce testament, confirmera la tutelle légitime résultant de l'*assignatio*. Sans doute, s'il n'y avaitpas eu de testament, ce fils aurait toujours été tuteur légitime, mais il ne l'aurait été que *pro parte*, tandis qu'il le sera pour le tout, à l'exclusion de ses frères, en vertu de la loi *Cornelia* (1).

Le testament du captif pouvait encore contenir des substitutions pupillaires, c'est-à-dire que le père de famille pouvait instituer un héritier pour son fils impubère en prévision du cas où celui-ci lui ayant survécu viendrait ensuite à mourir encore impubère et par conséquent incapable de tester. Quel sera le sort de

(1) Cette tutelle résultant d'une *designatio* faite dans un testament peut être considérée comme testamentaire. Aussi est-il peut-être préférable de penser que le texte de Paul a été remanié. Souvent au reste les textes de ce jurisconsulte qui nous ont été conservés par les lois barbares ne nous sont parvenus qu'entièrement modifiés.

cette substitution? Julien pose la règle générale suivante : « Lex *Cornelia* quæ testamenta eorum qui in hostium potestate decesserunt confirmat, non solum ad hereditatem ipsorum, qui testamenta fecerunt, pertinet, sed ad omnes hereditates quæ ad quemque ex eorum testamento pertinere potuissent, si in hostium potestatem non pervenissent (1). » On peut ramener à cinq cas les applications de ce principe :

1° Supposons d'abord que le père est mort chez les ennemis, laissant à Rome un fils impubère, qui meurt lui-même avant l'âge de puberté. L'hérédité, dans cette hypothèse, appartiendra au substitué en vertu de la loi *Cornelia*, comme si le père n'était jamais tombé au pouvoir des ennemis (2). Cujas (3) pense qu'il importait peu pour la validité de la substitution que le fils de famille auquel avait été donné un substitué pupillaire fût institué ou exhérédé. Antoine Fabre (4), au contraire, attachant une grande importance aux mots de la Loi 10 (h. t.) *institutio impuberi*, et remarquant que Papinien n'a pas ajouté *vel exheredato*, croit que dans l'espèce la substitution n'est déclarée valable qu'autant que le

(1) L. 28, pr., D., *de Vulgari et pupillari substitut.*, XXVIII, 6 ; — V. Pothier, *loc. cit.*

(2) L. 10, pr., h. t. ; — L. 28, D., *de Vulg. et pupill. substit.*, XXVIII, tit. 6.

(3) Cujas, *op. cit.*, liv. XV, cap. XVII.

(4) Fabre, *Conject. lib.*, X, c. IV.

fils a été institué. Il lui paraît d'autant plus certain que c'était là l'idée de Papinien que, dans le paragraphe suivant, le jurisconsulte romain s'occupe au contraire, par une sorte d'opposition, du fils institué ou exhérédé : « Si, mortuo patre, capiatur impubes institutus vel exheredatus. » Cette interprétation nous paraît un peu subtile, et nous préférons à l'argument *a contrario* d'Antoine Fabre la doctrine plus simple de Cujas. Papinien, pas plus au reste que Julien n'établissent nettement la distinction que l'on nous propose (1).

2° Le père a été fait prisonnier de guerre; le fils, resté à Rome, est mort pendant que son père était encore vivant *apud hostes;* ensuite le père est mort en captivité.

Papinien nous indique quel sera le sort de la substitution pupillaire : « Quod si filius ante moriatur in civitate, nihil est, quod de secundis tabulis tractari possit, sive quoniam vivo patre filiusfamilias mori intelligitur, sive quoniam non reverso eo exinde sui juris videtur fuisse ex quo pater hostium potitus est (2). »

Cujas (3) explique la phrase « nihil quod de secundis tabulis tractari possit » comme si Papinien eût voulu dire par là qu'il ne pouvait s'élever aucun doute sur la validité de la substitution pupillaire, le

(1) L. 10, h. t.; — L. 28, D., *de Vulg. et pup. subst.*, XXVIII, 6.
(2) L. 11, pr., h. t.
(3) *Op. cit.*, liv. XV, cap. XVII.

père étant réputé mort à l'instant de la captivité.

Nous ne saurions admettre une semblable interprétation contraire à la fois à l'esprit et au texte de Papinien qui déclare formellement que, dans ce cas, il ne peut pas être question de la substitution pupillaire, c'est-à-dire qu'elle ne peut pas être valable. Le jurisconsulte romain donne ensuite deux arguments que l'on peut ainsi développer : le fils qui est mort, à Rome pendant que le père était encore vivant *apud hostes* est mort *filiusfamilias*, attendu que si l'on part de l'idée que la captivité est assimilée à la mort cette supposition ne va pas cependant jusqu'à altérer l'ordre réel des décès (1). Donc le fils est bien mort du vivant du père et par conséquent il ne peut pas être question de biens héréditaires faisant l'objet de la substitution. Mais si l'on part de l'idée que la puissance paternelle s'éteint immédiatement par la captivité, ajoute en second lieu Papinien, le fils est encore détenu *sui juris* du vivant du père et la substitution pupillaire n'est pas non plus possible.

3° Le père est mort à Rome et, après sa mort, le fils impubère a été pris par les ennemis, et est mort en captivité.

Il semble dans cette hypothèse que l'on devrait dire que la loi *Cornelia* ne s'est pas occupée de la

(1) L. 12, D., *qui test. fac. poss. et quemadm. test. fiant*, XXVIII, 1. — Cette loi prévoit la mort naturelle du père. — Comp. L. 9, *in fine, de Castra: pecul.*, D., XLIX, 17 ; — *Conta* : Hase, *op. cit.*, p. 210.

substitution pupillaire, qu'elle a uniquement en vue l'individu qui a fait un testament, mais non pas l'impubère qui n'a pas testé. Cette raison de douter est exprimée par Papinien : « Si, mortuo patre, capiatur impubes institutus, vel exheredatus, in promptu est dicere legem *Corneliam* de tabulis secundis nihil locutam, ejus tantum personam demonstrasse, qui testamenti factionem habuisset (1). » Néanmoins, Papinien conclut en disant que la substitution pupillaire sera valable. Il remarque que l'hérédité légitime de l'impubère devait être dévolue, en vertu de la loi *Cornelia*, à ses héritiers légitimes puisque, n'ayant pas la *factio testamenti*, l'impubère était nécessairement mort *intestat*. Mais, ajoute-t-il, si l'impubère doit avoir des héritiers en mourant, il n'y a rien d'extraordinaire à ce que le préteur suive tout autant la volonté du père que les dispositions de la loi *Cornelia* et donne au substitué des actions utiles contre la succession (2).

Julien se prononce également en faveur de la validité de la substitution (3).

4° Le fils tombe au pouvoir des ennemis et meurt en captivité pendant que le père reste vivant à Rome.

(1) L. 10, par. 1, h. t.

(2) Bechmann, *op. cit.*, p. 101 ; — Hase, *op. cit.*, p. 221 ; — Fabre, *op. cit.*, liv. X, cap. v, par. 10.

(3) L. 28, D, *de Vulg. et pup. substit.*, 28, 6. — Cujas (*Obs.* XV, 17) dénature le sens de ce texte en lisant *non incommode* au lieu de *non commode*. — Buhl, *op. cit.*, p. 267 et suiv.

Dans ce cas, soit que le décès du fils ait eu lieu avant la mort naturelle du père, hypothèse dans laquelle la décision n'est pas douteuse, soit qu'il ait eu lieu après, comme il est réputé mort à l'instant de son entrée en captivité, la substitution pupillaire est nulle, parce qu'à cette époque il était *filiusfamilias* et qu'un fils de famille n'ayant pas de biens en propre ne peut pas avoir d'héritier : « Si vero vivo patre filius in hostium potestatem pervenit, non existimo legi *Cornelia* locum esse, quia non efficitur per eam ut is qui nulla bona in civitate reliquit heredes habeat. Quare etiam si impubes filius vivo patre captus fuerit, deinde mortuo in civitate patre in hostium potestate decesserit, patris hereditas ex lege XII tabularum, non filii ex lege *Cornelia* ad agnatum proximum pertinet (1). »

5° Le fils et le père sont tous les deux captifs et meurent l'un et l'autre *apud hostes*. Écartons d'abord le cas où le père et le fils ont été faits captifs en même temps et celui où le père est tombé en captivité après le fils ; il est certain qu'alors la substitution pupillaire n'aura aucun effet, puisque le fils n'ayant jamais eu de biens ne pourra pas laisser d'hérédité. Il faut supposer que le fils impubère a été fait prisonnier après son père; dans ce cas, la captivité de son père l'a rendu *sui juris* et il a pu

(1) L. 28, *in fine*, D., *de Vulg. et pup. substit.*, XXVIII, 6.

recueillir l'hérédité paternelle. Si donc il tombe lui-même au pouvoir des ennemis avant sa puberté, la substitution pupillaire pourra produire son effet. Telle est au moins l'opinion de Papinien : « Sed si ambo apud hostes et prior pater decedat, sufficiat lex *Cornelia* substituto non alias quam si apud hostes patre defuncto, postea filius in civitate decessisset (1). » Mais Scævola est d'un avis tout opposé : « Si pater captus sit ab hostibus, mox filius, et ibi ambo decedant : quamvis prior decedat, lex *Cornelia* ad pupilli substitutionem non pertinebit, nisi reversus in civitate impubes decedat : quoniam et si ambo in civitate decessissent, veniret substitutus (2). »

On a essayé de concilier ces deux textes. Antonius Faber supprime le *non* qui se trouve avant *pertinebit* dans le texte de Scævola, prétendant que le copiste a dû prendre pour une abréviation suivie de *non* (substit. *non*) le simple mot *substitutionem*. Il retranche également tout un membre de phrase, *nisi reversus in civitate decedat*, qu'il croit ajouté par un commentateur (3).

M. Hase (4) modifie les deux textes. D'abord, en ce qui concerne le fragment de Papinien, il fait remarquer que le paragraphe qui nous occupe com-

(1) L. 11, par. 1, h. t.
(2) L. 29, D., *de Vulg. et pup. subst.*, XXVIII, 6.
(3) Ant. Faber, *Conjectur. juris civilis*, X, 7.
(4) Hase, *op. cit.*, p. 226 et suiv.

mence par *sed*. Or, dans le paragraphe précédent, Papinien ayant donné une solution affirmative, le mot *sed* doit nécessairement indiquer une opposition à la solution qui précède. Partant de là, M. Hase fait précéder *sufficiet* de *non*, ou bien donne une forme interrogative à la phrase en plaçant la négation comme réponse. Ensuite, il change la ponctuation. Voici au reste le texte ainsi modifié. « Sed si ambo apud hostes, et prior pater decedat, non sufficiet lex *Cornelia* substituto ; alias, quam si apud hostes patre defuncto postea filius in civitate decessisset. » Ou encore : « Sed si ambo...... sufficit lex *Cornelia* substituto ? Non ; alias quam, etc..... »

Pour le fragment de Scævola, M. Hase se contente de modifier la ponctuation. Il considère les mots *nisi reversus*, etc... comme n'ayant aucun rapport avec le membre de phrase qui précède. D'après lui, on devrait voir là une proposition indépendante, séparée de la première au moins par un point et une virgule. La loi exposerait donc deux espèces distinctes.

Enfin Mülhenlbruch (1) traduit ainsi le texte de Papinien : « Si tous les deux sont faits prisonniers en même temps, la loi *Cornelia* ne profite au substitué *qu'à la condition* que le fils soit mort impubère dans sa patrie. »

(1) Mülhenbruch, *Commentaire des Pandectes*; — Cujas, *Quæstio-*

Ces essais de conciliation altèrent ces deux textes d'une façon par trop profonde. Nous préférons reconnaître une opposition de doctrine entre les deux auteurs. Cette opposition n'a d'ailleurs rien de surprenant, si l'on pense que la loi *Cornelia* ne s'est étendue que peu à peu aux diverses parties du Droit. Il est dès lors aisé de concevoir qu'à l'époque de Scævola la généralisation n'ait pas encore eu lieu à l'égard de notre matière et quelle n'advint que plus tard, à l'époque de Papinien.

§ 2. — *Hérédités déférées au captif.*

Que ce soit une succession testamentaire ou une succession *ab intestat* qui soit dévolue au prisonnier, il sera pleinement capable de recueillir l'une et l'autre à son retour de captivité. « Is qui apud hostes est, nous dit Gaius, recte heres instituitur, quia jure postliminii omnia jura civitatis in personam ejus in suspenso retinentur, non abrumpuntur (1). »

Cette même règle est reproduite pour les legs et pour les successions *ab intestat* par deux rescrits des empereurs Dioclétien et Maximien (2). La fin du texte de Gaius que nous venons de citer prévoit le cas où

nes Papinianeæ, liv. XXIX, remplace *quoniam* par *quamquam*, dans la loi 29, *de Vulgari*.

(1) L. 32, par. 1. D., *de Hered. instituen.*, XXVIII, 5.

(2) L. 9 et 14, Code, h. t.; — Comp. L. 5, par. 1, D., *unde legitimi*, XXXVIII, 7; — L. 1, par. 4, D., *de Suis et legit. hered.*, XXXVIII, 16; — L. 10, par. 1, D., *unde legit.*, XXXVIII, 17.

ce serait l'esclave du captif qui aurait été institué héritier. Cette institution sera également valable, nous dit-il, et si le captif revient il pourra ordonner à son esclave de faire adition. Si au contraire il meurt *apud hostes*, son héritier pourra profiter de la succession par l'intermédiaire de l'esclave.

Les textes nous fournissent encore certaines conséquences du principe que nous venons de poser. C'est ainsi que si le défunt laisse plusieurs enfants et que l'un d'eux soit captif, ceux qui sont à Rome ne pourront pas s'attribuer toute la succession paternelle, car ils devront compter pour le partage leur frère captif et lui réserver sa part (1).

Le père de l'enfant captif ne pouvait pas non plus transmettre ses biens à un étranger sans instituer ou exhéréder son fils *nominatim*, autrement le testament du père serait rompu par le retour du fils *jure postliminii* (2).

Le droit prétorien avait permis aux enfants émancipés de concourir à la succession paternelle avec leurs frères restés en puissance, à la condition d'effectuer la *collatio bonorum*, c'est-à-dire de rapporter les biens par eux acquis depuis le jour où ils avaient été émancipés jusqu'à la mort de leur père. Or, si un fils émancipé avait été fait prisonnier, il devra la *col-*

(1) L. 1, par. 4, D., *de Bon. poss. contra tab.* XXXVII, 4.

(2) L. 31, D., *de Liber. et postum. hered. instit. vel. exheredandis*, XXVIII, 2 ; — L. 1, par. 3, D., *de Bon. poss. contr. tab.*, XXVII, 4.

latio bonorum même dans le cas où son retour à Rome n'aurait eu lieu qu'après la mort du père (1). Le *postliminium*, en effet, efface la captivité et l'émancipé est réputé n'avoir jamais perdu les biens qui lui appartenaient avant d'être fait prisonnier.

C. — DROITS PATRIMONIAUX

§ 1. — *Augmentations survenues au patrimoine du captif pendant sa captivité.*

Le captif, de retour dans sa patrie, reprendra non seulement les biens qu'il avait laissés à son départ, mais encore tous ceux qui lui ont été acquis par les personnes en sa puissance (2). S'il meurt *apud hostes*, ce sera son héritier qui profitera de toutes ces acquisitions en vertu de la loi *Cornelia*. Dans le cas où aucun héritier ne se présenterait, les biens du captif appartiendraient au fisc comme biens vacants (3). Lorsque le *paterfamilias* décède *apud hostes*, il faut remarquer qu'il existe une grande différence entre les fils de famille et les esclaves. Ces derniers n'ont jamais cessé d'être esclaves, ils n'ont fait que changer de maître. Les acquisitions qu'ils ont pu faire ne leur appartiendront donc jamais et seront recueillies par leur nouveau maître, c'est-à-dire par l'héritier du captif. Les fils de famille, au contraire,

(1) L. 1, par. 17, D., *de Collatione bon.*, XXXVII, 6.
(2) L. 22, par. 1, h. t. ; — L. 1, *eod. tit.*
(3) L. 96, par. 1, D., *de Legatis et fideicommissis*, XXX, 1.

sont devenus *sui juris* du jour où leur père est tombé en captivité, d'après la loi *Cornelia*. Les biens qu'ils auront acquis leur resteront donc propres et s'ils meurent pendant que leur père est encore vivant, ces biens ne passeront pas à l'héritier du père, mais à celui du fils : « Quod si filius ejus qui in hostium potestate est accipit aut stipulatur, id patre priusquam postliminio rediret mortuo ipsi adquisitum intelligitur, nec si vivo patre decesserit, ad heredem patris pertinebit (1). »

Toutes les stipulations faites par les esclaves ou les fils de famille profiteront au captif s'il revient à Rome. Cependant la stipulation faite *nominatim* pour le *paterfamilias* par le fils ou l'esclave sera nulle, car le *paterfamilias* étant réputé mort avant la stipulation, il n'a pas pu être stipulé en son nom. La stipulation serait, au contraire, valable si elle avait été faite *simpliciter*. Dans cette hypothèse, si c'est l'esclave qui a stipulé, la stipulation profitera à l'hérédité jacente; si c'est le fils, il en bénéficiera lui-même, puisqu'il est devenu *sui juris* du jour de la captivité de son père (2). Si le fils mourait avant son père décédé lui-même en captivité, le profit de la stipulation appartiendrait à l'héritier du fils (3).

(1) L. 22, par. 2, h. t. — Cujas lit avec raison *nec si vivo patre* au lieu de *et si vivo patre*.

(2) L. 18, par. 2, D., *de Stipul. servorum*, XLV, 3.

(3) L. 9, *in fine*, D., *de Castr. pecul.*, XLIX, 17.

Paul nous dit que l'acceptilation reçue par un esclave serait également valable : « Sed et si dominus apud hostes sit, dicendum est jure postliminii confirmari acceptilationem (1). » Ce texte prévoit seulement le cas du retour du captif ; mais l'esclave ne pourrait-il pas faire une acceptilation valable en admettant que le captif meure *apud hostes?*

Nous croyons que l'on peut soutenir l'affirmative, et en effet on peut dire que la mort du captif vient montrer qu'il y avait une hérédité ouverte depuis le jour de la captivité. Dès lors, l'esclave se trouve dans la même situation qu'un esclave héréditaire qui, lui, peut *rogare acceptum hereditati* (2).

Le captif peut encore acquérir la propriété par l'esclave dont il n'a que l'usufruit, l'esclave d'autrui ou l'homme libre qu'il possède de bonne foi et, avan Justinien, par la femme *in manu* et l'homme libre *in mancipio* (3).

De même que les droits du père de famille sur son patrimoine étaient tenus en suspens pendant sa captivité, ceux du fils de famille sur son pécule *castrens* ne lui étaient acquis que sous condition suspensive. La loi *Cornelia* s'appliquait à ce pécule qui était déféré à l'héritier testamentaire du fils ou à

(1) L. 11, par. 3, D., *de Acceptilatione*, XLVI, 4.

(2) L. 11, par. 2, *eod. tit.* — La formule de l'acceptilation serait par exemple celle-ci : « Quod meus dominus promisit, acceptumne habes? »

(3) *Inst.*, liv. II, tit. 9, princip. ; — Ulp., *Reg.*, t. 19, par. 18.

défaut à son père qui le recueillait *jure peculii*. Quel était le sort de la stipulation faite par un esclave de ce pécule ?

Supposons d'abord que la stipulation de l'esclave a été faite avant que l'héritier institué ait fait adition et qu'ensuite cet héritier renonce. En ce cas, la stipulation sera nulle. En effet, tant que l'héritier n'a pas accepté, le fils n'a pas d'hérédité proprement dite. Les Constitutions impériales ont bien accordé au fils le droit de disposer par testament de son pécule *castrens*, mais jusqu'à l'adition il n'y a pas d'hérédité, il n'y a qu'un pécule. L'esclave n'était pas un *servus hereditarius*, et par conséquent la stipulation ne saurait être valable.

Par application de ce principe, si l'esclave avait deux maîtres : le fils testateur et un tiers, la stipulation, étant nulle à l'égard du pécule *castrens*, profitera pour le tout au tiers : « Si servus communis *Nævii* et castrensis peculii, defuncto filiofamilias milite, antequam adeat institutus hereditatem stipuletur, socio qui solus interim invenitur, tota stipulatio queritur, quoniam non partem facit hereditas ejus quæ nondum est (1). »

Si nous supposons que l'héritier institué par le fils accepte la succession, la stipulation de l'esclave sera valable, car elle aura été faite par un *servus hereditarius*.

(1) L. 18 pr., D., *de Stipulat. servorum*, XLV, 3.

D'après Papinien, les acquisitions faites par l'esclave, par stipulation ou tradition, pendant que les héritiers institués délibéraient, seront, au cas où ils refusent la succession, nulles même à l'égard du père qui devrait la recueillir alors *jure peculii*, parce qu'à l'époque où a été faite la stipulation, l'esclave n'appartenait pas au père. A l'égard des héritiers, la stipulation serait en suspens et son sort dépendrait de leur refus ou de leur acceptation : « Proxima species videtur ut scriptis heredibus deliberentibus quod servus interim stipulatus est, vel ab alio sibi traditum accepit, quod quidem ad patris personam attinet si forte peculium apud eum resederit, nullius momenti videatur cum in illo tempore non fuerit servus patris » (1).

Mais aussitôt après, Papinien semble se contredire puisqu'il ajoute qu'à cause des égards dus au père, celui-ci profitera des acquisitions faites par l'esclave qui sera censé lui avoir toujours appartenu.

Il faut voir là, comme l'enseigne Cujas, une addition faite par Ulpien au texte de Papinien (2). Ulpien en effet était d'un avis contraire à Papinien : « Si quidem adeatur hereditas, nous dit-il, omnia ut in hereditario servo ; si adita non sit ut in proprio patris esse spectanda » (3).

(1) L. 14, par. 1, D., *de Castr. pecul.*, XLIX, 17.
(2) Ce texte a peut-être été simplement interpolé par Tribonien.
(3) L. 33 pr., D., *de Adquir. rer. domin.* XLI. 1; — Comp. L. 14, par. 2, D., *de Castr. pecul.*, XLI, XI, 7.

Quant aux droits successoraux, Ulpien nous enseigne que les esclaves et les fils de famille ne peuvent acquérir une hérédité qu'après avoir reçu du *dominus* ou du *paterfamilias* l'ordre de faire adition. Or, le captif ne pouvait pas donner cet ordre tant qu'il était *apud hostes* (1).

§ 2. — *Possession. — Usucapion.*

Le captif de retour ne recouvrera pas la possession que la captivité lui a fait perdre, en admettant même que personne ne lui ait succédé dans cette possession: « Corporaliter tamen possessionem amittunt : neque enim possunt videri aliquid possidere cum ipsi ab alio possideantur : sequitur ergo ut reversis his nova possessione opus sit, etiamsi nemo medio tempore res eorum possederit (2). » Il est aisé de comprendre que la possession étant un état de fait devait échapper à l'application de la fiction postliminienne en vertu de la règle que nous avons déjà posée : « Causa facti non continetur postliminio (3). »

De ce que le captif avait perdu définitivement la possession il résultait qu'il ne pouvait pas usucaper pendant son séjour *apud hostes*, puisque l'un des

(1) L. 6, pr., et L. 25, par. 4, D., *de Adquir. vel. omit. hered.*, XXIX, 2. — Consult. sur tous ces points : Buhl., *op. cit.*, p. 261 et suiv.; — *Voir* aussi Pothier, *loc. cit.*

(2) L. 23, par. 1, D., *de Adquir. vel. amit. possess.* XLI, 2.

(3) L. 19, D., *de Actionibus*, IV, 6. — Comp. L. 118, D., *de Divers. reg. jur. antiqui*, L, 17.

éléments essentiels de l'usucapion : la possession, faisait défaut. Par conséquent, si le prisonnier avait commencé à usucaper avant d'être pris par les ennemis, cette usucapion se trouvait interrompue par la captivité (1).

Si le captif ne peut pas posséder ou usucaper par lui-même, le peut-il par les personnes qui étaient soumises à sa puissance ?

Les législateurs romains finirent par permettre au père de famille d'arriver à la possession et à l'usucapion par l'intermédiaire de leurs esclaves ou de leurs fils.

Mais en supposant que le *paterfamilias* devienne prisonnier, peut-il usucaper en invoquant une possession commencée en la personne de son fils ou de son esclave, soit avant, soit pendant la captivité ? Tryphoninus nous apprend que cette question était controversée (2). Julien pensait que le captif pouvait se prévaloir de l'usucapion accomplie par les personnes restées en sa puissance. Marcellus, au contraire, refusait toute valeur à cette prescription. Tryphoninus croit que c'est l'avis de Julien que l'on doit suivre. En tout cas, c'est de ce système que l'on s'est le plus rapproché dans la pratique.

Papinien nous dit qu'à son époque cette question

(1) L. 12, par. 2, h. t. ; — L. 19 et 23, par. 1, D., *ex quibus causis maj. vigent. quinq. ann. in integr. restituuntur*, IV, 6.

(2) L. 12, par. 2, h. t.

était résolue à l'aide d'une distinction. Si c'est *ex causa peculii* que l'esclave ou le fils est entré en possession d'un bien, le captif de retour à Rome pourra l'usucaper, qu'il ait eu ou non connaissance de cette possession. Si l'esclave ou le fils n'avait pas, au contraire, possédé *ex causa peculii*, la possession ne pourrait servir de base à l'usucapion en faveur du captif de retour que si la personne soumise à sa puissance l'avait commencée avant la captivité. Dans le cas où la possession n'aurait pris naissance que depuis la captivité du *paterfamilias*, celui-ci ne pourrait jamais bénificier de l'usucapion (1).

Les acquisitions de possession faites par les personnes *alieni juris* à un titre autre que *ex peculiari causa* ne peuvent tomber dans le patrimoine du *paterfamilias* que s'il en a eu connaissance. Il faut qu'au moment de l'entrée en possession il ait eu l'*animus possidendi*. Or, lorsque le père de famille est captif, il ne peut pas avoir cet *animus* et les possessions qui sont commencées par les personnes qu'il a sous sa puissance ne sauraient donc lui permettre d'usucaper.

Les captifs pouvaient donc, dans certains cas, usucaper la chose d'autrui, de même que pendant leur absence des tiers pouvaient acquérir leurs biens par prescription. On en arrivait ainsi à des résultats

(1) L. 44, par. 7, D., *de Usurpat. et usucap.*, XLI, 3.

souvent injustes, car la procédure romaine ne permettait pas d'intenter une action contre un absent. Aussi le préteur accorda-t-il au propriétaire dépouillé pendant son absence, ou à cause de l'absence de l'usurpateur, une *restitutio in integrum* en vertu de laquelle il pût intenter l'action réelle rescisoire et faire considérer l'usucapion comme n'ayant jamais eu lieu (1).

Cette action devait être intentée dans le délai d'un an (2); mais Justinien permit de l'intenter pendant quatre ans à compter du jour où l'absent est de retour (3). Cet empereur, en mentionnant aux *Institutes* (4) l'action rescisoire accordée par le préteur, ne parle que de l'absence ou de la captivité du possesseur au profit duquel courait la prescription. Il oublie le cas où c'est le propriétaire lui-même dépouillé de sa possession qui se trouverait absent. Dans l'hypothèse prévue par Justinien, il n'est pas non plus nécessaire, comme il le dit, que l'absence ait une *juste cause*. Cette condition ne peut se rapporter qu'à l'application de l'action rescisoire non prévue par cet empereur. Dans l'hypothèse que cite

(1) L. 1, par. 1; — L. 21, 22, 23, D., *ex quib. caus. maj. vig. quinq. ann. in integr. restit.*, IV, 6; — *Inst.*, liv. IV, t. VI, par. 5; — L. 18, Code, h. t.

(2) L. 35, D., *de Oblig. et action.*, XLIV, 7.

(3) L. 7, Code. *de Tempor. in integr. restitut. tam minor. aliarumque personar. quæ restit. poss. quam hered. eorum.*, II, 53.

(4) Inst., liv. IV, titre 6, par. 5.

Justinien, l'action rescisoire est devenue inutile, car il décida que lorsque le possesseur se trouvant *in causa usucapiendi* serait absent le propriétaire pourrait *adire præsidem provinciæ vel libellum ei porrigere*. En exposant ainsi sa réclamation, le propriétaire pouvait obtenir *plenissimam interruptionem*. A défaut du président de la province, on pouvait également s'adresser à l'évêque ou au *defensor civitatis* (1).

§ 3. — *Créances. — Obligations.*

Le *postliminium* fera revivre les droits personnels, actifs ou passifs, les créances et les dettes antérieures à la captivité du citoyen romain. De même le captif de retour verra passer sur sa tête les créances de ceux qui étaient sous sa puissance et pourra se voir libéré par l'intermédiaire de ces mêmes personnes des dettes nées à sa charge (2).

La question de savoir à quel moment commencent à se prescrire les créances et les actions acquises par le fils ou l'esclave du *paterfamilias* captif est fort controversée (3). Ces différences d'opinions dans

(1) L. 2, Code, *de Annali except. Ital. contract. tollend. et de divers. tempor. et exception. et præscript. et interrupt. earum*, VII, 40; — V. Buhl., *op. cit.*, p. 262 et suiv.; — Bechmann, p. 53 et suiv.

(2) L. 11, pr., D., *de Pecunia constit.*, XIII, 5; — L. 11, par. 3, D., *de Acceptil.*, XLVI, 4.

(3) Cette question ne peut se poser qu'à partir de la Constitution d'Honorius et de Théodose (L. 3, Code, *de Præscript.*, XXX, *vel.* XL, *ann.*, liv. VII, tit. XXXIX, au Bas-Empire, qui déclare toutes les

la doctrine proviennent de l'antinomie qui résulte des deux textes du Digeste empruntés l'un à Vénuléius, l'autre à Javolenus. Celui-ci suppose que l'esclave d'un captif s'est fait donner par un tiers une satisdation et décide que la prescription de l'action contre la caution commencera à courir dès l'instant où la convention s'est formée : « Si servus ejus qui in hostium potestate sit satis acceperit, continuo dies satisdationis cedere incipiet (1). » Vénuléius, prévoyant la même hypothèse, nous dit que Cassius pensait qu'il fallait faire commencer la prescription au jour du retour du captif : « Item si servus ejus qui apud hostes sit fidejussores acceperit ? Et Cassius existimat tempus ex eo computandum, ex quo agi cum eis potuerit : id est ex quo postliminio dominus revertatur (2). » Cujas (3) et Pothier (4) pensent que ces deux textes se réfèrent à deux hypothèses distinctes. Javolénus parlerait d'une caution dont l'engagement serait limité à un laps de temps fixé par la

actions prescriptibles par trente ans. A l'époque classique les actions sont perpétuelles, sauf dans le cas exceptionnel du *sponsor* et du *fidepromissor*.

(1) L. 4, D., *de Divers. temporal. præscript. et de accession. possess.*, XLIV, 3.

(2) L. 25, D., *de Stip. serv.*, XLV, 3. Le garant dont parlent *ces deux* textes ne peut être qu'un *sponsor* ou un *fidepromissor*, car, à l'époque classique l'action qui pouvait être intentée contre un *fidejussor* était imprescriptible. Le texte de Vénuléius a donc été remanié par les rédacteurs du Digeste.

(3) *Observ.*, XVI, 38.

(4) Pand. Just., *de Div. præscr.*, n° 1.

convention, tandis que Vénuléius ferait allusion à la caution à l'égard de laquelle la loi elle-même détermine le délai pendant lequel elle peut être actionnée.

Un autre auteur (1) soutient que Javolénus aurait en vue le cas où la satisdation aurait été stipulée par l'esclave en même temps que l'obligation principale, tandis que Vénuléius supposerait que la satisdation vient garantir, après coup, une créance acquise antérieurement par le maître lui-même.

Ces diverses interprétations ont le défaut d'être purement arbitraires et de ne trouver aucun appui dans les textes qu'elles essayent de concilier. Nous croyons que les deux fragments que nous avons cités marquent tout simplement l'existence d'une controverse existant entre les jurisconsultes romains. Ici, comme souvent ailleurs, il ne faut pas vouloir forcément concilier deux opinions diamétralement opposées. « Quelque désirable qu'il soit d'éviter les contradictions entre les divers fragments du *corpus juris*, fait observer M. Machelard (2), le zèle contre les antinomies ne doit pas aller jusqu'à essayer de mettre d'accord deux jurisconsultes, dont l'un enseignait exactement le contraire de ce que pensait l'autre. » « Nous estimons, ajoute-t-il en parlant de notre hypothèse, qu'on ne doit se faire aucun scru-

(1) Mülhenbrüch, *Suites de Glück*, XLIII, p. 61.
(2) Machelard, *Des obligations naturelles*, 2e partie, par. 4, p. 456.

pule d'admettre ici une divergence de doctrine. Il est impossible qu'elle éclate d'une manière plus prononcée. »

Si nous nous demandons maintenant quelle est la meilleure des deux opinions, de Javolénus ou de Cassius, nous donnerons la préférence à celle de Cassius qui nous paraît la plus conforme aux principes. En effet la satisdation acquise par l'esclave du captif ne crée pas pour celui-ci une créance pure et simple, mais seulement un droit subordonné à la condition de son retour ; or, il est de règle que les créances conditionnelles ne sont prescriptibles qu'à partir du jour où la prescription s'est accomplie (1).

Quant aux obligations qui ont pris naissance dans des délits ou des quasi-délits commis soit contre les biens ou les personnes soumises à la puissance du captif, soit par ces personnes elles-mêmes, elles passeront sur la tête du captif à son retour dans sa patrie.

C'est ainsi que Pomponius réserve au prisonnier l'action de la loi Aquilie contre l'auteur du dommage causé à son patrimoine (2). De même Ulpien nous dit que le captif pourra acquérir une créance par suite d'un vol commis pendant sa captivité à son préjudice et exercer à son retour l'*actio furti* (3).

Mais le captif pouvait aussi trouver à sa charge

(1) Machelard, *loc. cit.*
(2) L. 43, D., *ad leg. Aquiliam*, IX, 2.
(3) L. 41 pr., D., *de Furtis*, XLVII, 2.

des obligations nées pendant l'époque de sa captivité. Les entreprises commerciales dirigées par ses fils ou ses esclaves, et qui eussent donné lieu contre lui aux actions *quod jussu*, *institoria*, *exercitoria*, *tributoria*, *de peculio*, *de in rem verso*, étaient la source des mêmes obligations à sa charge et toutes ces actions pouvaient être exercées contre lui à son retour. Celui enfin qui avait administré le patrimoine du captif pouvait se faire rembourser ses dépenses au moyen de l'action *negotiorum gestorum* (1).

§ 4. — *Donations entre époux. — Dot.*

Un mari peut, après avoir fait une donation entre vifs à sa femme, être pris par les ennemis et mourir en captivité. En droit strict, on ne pouvait pas dire que le sénatus-consulte de Sévère et Caracalla confirmât en pareil cas la donation, car le mariage a été dissous par la captivité, non par la mort (2). Avant que le mari ne fût réellement décédé, le mariage avait cessé d'être. Or, comme le sénatus-consulte ne confirmait la donation que si le mariage avait été dissous par la mort, la donation était nulle. Mais Justinien en décida autrement et valida une pareille donation en partant évidemment de l'idée que le

(1) L. 19, par. 5, D., *de Negot. gestis*, III, 5; — Bechmann, *op. cit.*, p. 61 et suiv.

(2) L. 1, D., *de Divort. et repud.*, XXIV, 2.

donateur est mort à l'instant de la captivité (1).

Si les deux époux, le donateur et le donataire, sont faits captifs par les ennemis, la donation sera confirmée en vertu de la loi *Cornelia*. Grâce à elle, en effet, la dissolution du mariage n'est pas considérée comme ayant eu lieu du vivant des conjoints, mais bien comme ayant été le résultat de leur décès simultané. Tous deux sont réputés morts à l'instant de leur entrée en captivité. On les regarde comme des comourants, ce qui suffit pour valider la donation, puisqu'on ne peut pas dire dans ce cas que le donateur ait survécu au donataire, ce qui aurait anéanti la donation (2).

Une dernière application de la loi *Cornelia* est faite à la dot par Pomponius qui suppose qu'une femme a obtenu de son père une dot profectice. Cette femme tombe ensuite en captivité, ce qui dissout son mariage et meurt *apud hostes*. D'après les principes, le père ne devrait pas avoir d'action pour reprendre la dot, puisqu'en réalité la dissolution du mariage a eu lieu du vivant de la femme. Cependant, Pomponius lui donne ce droit comme si sa fille était morte mariée. Le jurisconsulte romain est assurément parti de cette idée que la femme était considérée comme morte

(1) L. 27, Code, *de Donat. inter vir. et uxor. et a parent. in liber. fact. et de ratihabit.*, V, 16.

(2) L. 32, par. 14, D., *de Donat. int. vir. et uxor.*, 24, 1; — Comp. L. 1, 6, 18, 20, 32, *eod. tit.*

à l'instant de son entrée en captivité : « Si ab hostibus capta filia, quæ nupta erat, et dotem a patre profectam habebat, ibi decesserit, puto dicendum perinde observanda omnia, ac si nupta decessisset, ut etiamsi in potestate non fuerit patris dos ab eo profecta reverti ad eum debeat (1). »

§ 5. — *Administration des biens du captif pendant la captivité.*

Le prisonnier revenant à Rome reprenait, comme nous l'avons vu, les biens qui lui avaient appartenu avant sa captivité, mais pendant qu'il était absent il ne fallait pas laisser à l'abandon son patrimoine. Aussi était-il d'usage de confier l'administration de ses biens à un *curator bonorum* (2).

Toute personne intéressée pouvait demander au préteur ou au président de la province la nomination de ce curateur. Ulpien même nous dit que, pour la mère du captif, c'était un véritable devoir sanctionné par la déchéance du bénéfice accordé par le sénatus-consulte Tertullien (3).

Ce curateur devait administrer les biens et faire valoir les droits du captif. Une loi *Hostilia* autorisa l'exercice de l'*actio furti* au nom de ceux qui se trou-

(1) L. 10 pr., D., *Solut. matrim. dos quemadm. petatur*, XXIV, 3.

(2) L. 7, par. 1, D., *de Tut. et ration. distrah.*, XXVII, 3 ; — L. 15 pr. et par. 1, D., IV, 6 ; — L. 6, par. 2 ; — D., XLII, 4, *quibus ex caus. in poss. eatur* ; — L. 3, Cod., h. t.

(3) L. 2, par. 30, D., *ad Sen.-consul. Tertullian. et Orphitian.*, XXXVIII, 17.

vaient *apud hostes* (1). Le curateur pouvait encore demander la *bonorum possessio decretalis*, lorsqu'une succession s'ouvrait en faveur du captif (2).

Ce curateur n'était pas seulement nommé dans l'intérêt du captif, il l'était aussi dans l'intérêt des créanciers qui pouvaient intenter contre lui les actions qui leur appartenaient contre le prisonnier. D'après Paul, les créanciers pouvaient même, en l'absence de ce curateur, demander à être envoyés en possession, mais cette *missio in possessionem* n'avait d'autre effet que de provoquer la nomination d'un curateur et de réserver à ces créanciers le droit de faire vendre les biens du prisonnier à son retour de captivité (3).

Le curateur, avant de prendre la gestion des biens du captif, devait fournir une caution *stipulante servo publico* (4).

(1) *Inst.*, liv. IV, tit. 10, pr. ; — V. de Savigny, *Traité de Droit romain*, p. 167 et suiv., et p. 177 et suiv.

Cette autorisation était tout à fait exceptionnelle à l'époque où fut rendue cette loi, c'est-à-dire à l'époque du système des actions de la loi, où la représentation en justice était interdite en principe.

(2) L. 3, par. 7, D., *de Bon. poss.*, XXXVII, 1 ; — Le captif pouvait bien entendu, à son retour, opter entre l'adition ou la renonciation à cette succession.

(3) L. 6, par. 2, D., *quibus ex caus. in poss. eatur.*, XLII, 4.

(4) Const. 3, Code, h. t.

SECTION II

Effets du « postliminium » relatifs aux choses.

Les choses capturées par l'ennemi ne sont pas définitivement perdues pour le citoyen romain qui en était propriétaire. Lorsqu'elles sont reprises à l'ennemi et qu'elles reviennent sur le territoire romain, elles retournent à leur ancien maître qui reprend sur elles tous ses droits. La *res captiva* ainsi revenue est censée n'être jamais sortie du patrimoine de son ancien maître et elle y rentre dans l'état et dans la condition qu'elle avait au moment d'être prise par l'ennemi (1). Par conséquent, si la chose qui a été prise était une *res furtiva*, elle devra reprendre ce caractère. Si un esclave, par exemple, qui a été volé à son maître est ensuite tombé entre les mains d'un peuple étranger et qu'après la défaite de ce peuple par les Romains, il ait été fait prisonnier et vendu à un tiers, celui-ci ne pourra pas l'usucaper, car l'esclave était une *res furtiva* (2). De même les *loca sacra vel religiosa* seront rétablis dans leur état primitif, après avoir été reconquis sur l'ennemi (3). L'action en revendication intentée

(1) L. 26, D., *quibus modis ususfructus vel usus amittitur.*, VII, 4; L.20, par. 1, D., h. t.

(2) L. 27, D., h. t.

(3) L. 36, D., *de religios. et sumptib. funer. et ut funus duc. liceat*, XI, 7.

contre l'ancien propriétaire avant que la chose ne fût prise et dont celui-ci avait triomphé ne pourra pas non plus être renouvelée, car le propriétaire opposera l'exception *rei judicatæ* (1).

Pendant que la chose est *apud hostes*, elle peut-être l'objet d'un contrat ou d'un acte de disposition quelconque, puisqu'elle peut revenir entre les mains de son propriétaire. C'est ainsi qu'elle pourra être léguée (2) et que l'esclave captif pourra être institué héritier par son maître (3) et affranchi par testament (4).

Lorsque s'ouvrira la succession du propriétaire des choses conquises par l'ennemi, on devra tenir compte de ces dernières dans le partage : « Scilicet cum cautione, quia possunt non reverti; nisi si tantum æstimatus sit dubius eventus (5). » Ces biens seront également compris dans le calcul de la Quarte Falcidie : « Servi qui apud hostes sunt, post mortem testatoris, reversi, quod ad Falcidiam pertinet, locupletiorem faciunt hereditatem (6). » Si un contrat est intervenu sur un esclave avant sa captivité, par exemple si cet esclave a été promis par stipulation, l'obligation n'en continuera pas moins d'exister bien

(1) L. 11, par 4, D., *de Exceptione rei judic.*, XLIV, 2.
(2) L. 9, D., *de Legatis et fideicom.*, XXX.
(3) L. 98, D., *eod. tit.*
(4) L. 30, D., *de Manumiss. testam.*, XL, 4.
(5) L. 23, D., *Famil. ercisc.*, X, 2.
(6) L. 43, D., *ad leg. Falcid.*, XXXV, 2.

f

que l'esclave soit fait prisonnier. Seulement son effet sera suspendu et subordonné au retour de l'esclave (1).

Ulpien applique les principes que nous venons d'énoncer à une hypothèse particulière : il suppose qu'un enfant est né *apud hostes* d'une *statulibera* après l'accomplissement de la condition à laquelle était subordonné l'affranchissement de leur mère, et il déclare que cet enfant sera libre du jour de son retour dans sa patrie, qu'il ait été conçu avant ou pendant la captivité. Lorsque l'enfant a été conçu *apud hostes*, il semble cependant que le *postliminium* ne devrait pas être applicable, car cette fiction ne crée pas un droit nouveau, elle se contente de replacer les personnes et les choses dans une situation déjà acquise. Le jurisconsulte romain, sans doute par un motif d'équité, nous dit que cet enfant bénéficiera exceptionnellement du *postliminium :* « *Benignius* dicetur competere ei postliminium et liberum eum esse (2). »

Il nous reste à expliquer un fragment de Labéon que les commentateurs ont parfois considéré comme un problème des plus délicats : « Si quid bello captum est, in præda est, non postliminio redit. Paulus :

(1) L. 98, par. 8, *in fine*, D., *de Solution. et liberation.*, XLVI, 3; — L. 55, D., *de Action. empti venditi*, XIX, 1; — Comp. L. 2, par. 1; D., *quando de pecul. actio annalis est*, XV, 2; — L. 12, par. 18, D., h. t.

(2) L. 6, par. 1 et 2, D., *de Statuliberis*, XL, 7.

imo, si in bello captus, pace facta, domum refugit, deinde renovato bello capitur : postliminio redit ad eum, a quo priore bello captus erat : si modo non convenerit in pace ut captivi redderentur (1). »

Nous croyons que ce texte n'a subi aucune interpolation et qu'il est inutile d'en modifier les termes pour arriver à en donner une explication satisfaisante.

Le butin ne jouit pas du *postliminum*, nous dit Labéon. Et en effet le butin n'est définitivement acquis à l'État qu'après la conclusion de la paix, puisqu'il est de principe que le *postliminium* peut être invoqué *in bello*, mais non *in pace*. C'est donc en vain que, la paix une fois conclue, la chose qui fait partie du butin reviendra chez son ancien propriétaire : la chose prise reste toujours la propriété du *captor hostis*, puisqu'il n'y a point de *postliminium in pace*.

Une fois le principe posé, Paul en fait une application à l'espèce suivante : une personne, citoyen ou esclave, est prise dans une guerre et devient la propriété d'un *hostis* déterminé. La paix faite, le captif revient chez lui, s'il était citoyen, chez son ancien maître, s'il était esclave. En ce cas, point de *postliminium* possible, puisque cette fiction n'existe pas *in pace*. Une nouvelle guerre survient et le même individu est de nouveau capturé, la propriété de

(1) L. 28, D., h. t.

l'ancien *captor* existe toujours *jure postliminii*, mais à une condition, c'est qu'il n'ait pas été convenu par une clause du traité de paix que les captifs seraient rendus. En effet, en vertu d'une pareille clause, l'ancien propriétaire reprend sa chose, le citoyen prisonnier redevient citoyen en vertu du *postliminium in pace*. Le droit de propriété du *captor* cesse d'une manière définitive et non pas provisoire ; la capture est effacée avec ses conséquences. Si donc le même individu est repris dans une nouvelle guerre, le droit de propriété de l'ancien *captor* ne revivra point (1).

APPENDICE

Dérogations apportées au principe du « postliminium » par le rachat des captifs.

En principe, le retour du captif dans sa patrie se produisant dans certaines conditions spéciales que nous avons étudiées lui donnait droit au *postliminium*. Cependant, il était une cause particulière de retour qui ne permettait pas immédiatement au captif de jouir du bénéfice accordé par la fiction postliminienne : nous voulons parler du cas où le prisonnier avait été racheté par un citoyen romain. Lorsque Pomponius nous dit que la *redemptio* ne

(1) Comp. Häse, *op. cit.*, p. 143 et suiv. ; — Grotius, *op. cit.*, III, 9, par. 14 ; — Tite-Live, III, 40 ; IV, 29 ; X, 20 ; XXXV, 1.

modifie pas le *postliminium* (1), il veut sans doute parler de l'hypothèse où le *postliminium* vient à se produire à la suite du droit de rachat. Il aura alors, il est vrai, les mêmes effets que ceux qui sont attachés aux autres causes de retour. Mais le *postliminium* au cas de rachat du captif ne naît pas, par le seul fait de ce rachat, aussitôt que le prisonnier est de retour dans sa patrie, il reste au contraire en suspens et se trouve subordonné soit à la volonté du *redemptor*, soit au remboursement à lui fait de la rançon qu'il a payée à l'ennemi (2).

Il en était de même pour les choses qui avaient été rachetées (3).

Sans entrer dans l'examen de la nature du droit de rachat, ce qui sortirait du cadre de notre étude, disons seulement que le rachat faisait acquérir au *redemptor* un véritable droit sur la personne ou la chose rachetée (4). Mais il fallait que le rachetant

(1) L. 20, par. 2, D., h. t.

(2) L. 8, D., *de Re militari*, XLIX, 16 ; — L. 12, par. 7, h. t. ; — L. 17, Code, h. t.

(3) L. 12, par. 7, et suiv., D., h. t. ; — Hase, *op. cit.*, p. 160 et suiv.

(4) Ce droit du *redemptor* sur le *redemptus* peut être comparé au droit du créancier gagiste sur le gage. C'est en effet un droit de rétention, *vinculum pignoris*. L. 2, Code, h. t. ; L. 15 — L. 21, D., h. t. —Le droit du *redemptor* sur les choses rachetées a pu être également un droit de gage à l'origine, mais depuis Sévère il semble qu'il soit devenu un droit de propriété résoluble. L. 12, par. 7 à 18, D., h. t. Par suite de l'existence de ce *jus pignoris* le *redemptus* n'est ni libre ni esclave. Sa situation est toute particulière. L. 8, D., *de Re milit.*,

ait agi dans un but pécuniaire et de spéculation. Si par exemple il n'y avait eu aucune rançon de payée ou si le captif devait sa liberté *virtuti militum*, celui-ci bénéficiait immédiatement du *postliminium* (1). En supposant même que le *redemptor* ait payé une rançon, il fallait qu'il n'ait point agi uniquement dans l'intérêt du captif, mais avant tout dans un but de lucre (2).

Le droit du *redemptor* s'éteignait par le remboursement du prix de rachat. A partir de ce moment, le *postliminium* pouvait produire tous ses effets (3). Ce remboursement pouvait être effectué par l'ancien propriétaire ou par un tiers. Dans cette seconde hypothèse, le captif se voyait appliquer le bénéfice de la fiction postliminienne si le tiers l'avait racheté pour le soustraire aux conséquences du premier rachat. Mais si, au contraire, le tiers n'avait pas eu cette intention et avait agi dans son intérêt propre, l'ancien captif retombait entre les mains d'un nouveau *redemptor* sans voir sa situation modifiée (4).

XLIX, 16. — Comp. Grotius, *de Jure belli ac pac.*, III, 9, par. 10 ; — Zimmern, *Histoire du Droit privé romain*, I, par. 196.

(1) Const. 5 et 12, Code, h. t. — Le captif devait être *commercio redemptus*, nous disent encore ces textes.

(2) Const., 17, Code, h. t.

(3) L. 3. par. 3, D., *de Homin. liber. exhib.*, XLIII, 29.

(4) L. 19, par. 9, D., h. t. — Paul nous dit dans ce texte que pour donner naissance au *postliminium*, il suffisait de restituer au tiers acquéreur le prix de cession qui pouvait être inférieur au prix de

Le *redemptor* pouvait exiger que le remboursement fût total et refuser un payement partiel (1).

L'exercice du *postliminium* était encore, avons-nous dit, subordonné à la volonté du *redemptor*. Celui-ci pouvait en effet renoncer à son droit sur la personne ou la chose rachetée.

Cette renonciation était expresse dans le cas, par exemple, de remise directe du prix de rachat faite entre vifs (2), ou par testament en léguant le racheté à lui-même (3).

Il était également possible que la renonciation fût tacite. C'est ainsi qu'elle résultait du mariage du rédimant avec la femme ingénue qu'il avait rachetée (4).

Ulpien prévoit encore l'hypothèse où un citoyen romain aurait racheté une femme ingénue, la croyant esclave, et l'aurait gardée chez lui *ut ex ea susciperet liberos ;* si plus tard il affranchit cette femme, ainsi que le fils né de leurs relations, l'ignorance de ce citoyen à la fois mari et père ne peut préjudicier à l'état de ceux qu'il a paru affranchir. La femme sera donc libérée du prix de rachat

rachat. Mais le tiers pouvait alors se retourner contre son vendeur et lui réclamer le surplus au moyen de l'action *ex empto.*

(1) L. 12, par. 13, D., h. t.

(2) L. 11, Code, h. t. ; — L. 3, par. 3, D., *de Hom. lib. exhib.*, XLIII, 29.

(3) L. 43, par. 3, D., *de Legat. et fideicom.*, XXX.

(4) L. 13, Code, h. t.

et l'enfant sera considéré comme ingénu et bénéficiere ainsi du *postliminium* acquis par sa mère (1).

(1) L. 21 pr., D., h. t. — Comp. L. 20, Code, h. t.; — L. 7, Code h. t. — Ces deux constitutions parlent de causes spéciales d'extinction du droit de rachat pour les personnes libres. — L'esclave *redemptus* affranchi par le *redemptor* sera considéré comme libre *erga omnes*. L. 12, par. 9, *in fine*. — Cette loi prévoit encore plusieurs hypothèses relatives au rachat des esclaves et des *statuliberi* d'où il résulte que ces personnes sont replacées dans la situation qui leur était faite avant leur captivité dans la mesure que comporte le droit acquis sur elles par le *redemptor*. L. 12, par. 10 et suiv. — C'est ainsi par exemple que dans le cas où l'esclave *redemptus* aurait été donné en gage avant d'avoir été pris par l'ennemi, le créancier gagiste verra son droit paralysé par celui du *redemptor*. De même, si l'esclave racheté avait fait l'objet pendant sa captivité d'un *fideicommis* lui donnant la liberté, il ne pouvait en réclamer l'exécution qu'après avoir remboursé le *redemptor*.

BIBLIOGRAPHIE

Annuaire de législation étrangère.

Archives diplomatiques.

BERNARD. — De l'Extradition.

BLUNTSCHLI. — Droit international codifié (traduction Lardy).

BRAYER. — Dictionnaire de police.

Bulletin de la Société de législation comparée.

DE BULMERINCQ. — Handbuch des offentlichen Rechts.

CALVO. — Dictionnaire de Droit international privé.

— Le Droit international théorique et pratique.

CHAUVEAU ET HÉLIE. — Théorie du Code pénal.

DE CLERCQ. — Recueil des traités de la France.

DE CLERCQ ET VALLAT. — Guide pratique des Consulats.

CONTOSTAÜLOS. — De Jure expellendi peregrinos.

DUCROCQ. — Droit administratif.

DURAND. — Essai de Droit international privé.

Économiste français (L').

FIORE (Pasquale). — Traité de Droit pénal international (traduction Charles Antoine).

GARRAUD. — Précis de Droit criminel.

GODDYN ET MAHIELS. — Le Droit criminel Belge.

HEFFTER. — Le Droit international de l'Europe (trad. Bergson).

HUBBARD. — Patrie (Essai de politique légale).

JACQUEY. — De l'application des lois françaises en Algérie.

Journal de Droit international privé.

La Loi (journal), nos des 4 et 5 mars 1881.
De Martens. — Droit des gens.
De Neumann. — Éléments du Droit des gens moderne européen (trad. de Rietmatten).
Phillimore. — International Law.
Pradier-Fodéré. — Traité de Droit international public européen et américain.
Revue Algérienne.
Revue critique de Législation et de Jurisprudence.
Revue de Droit international.
Revue des Deux-Mondes (n° du 1er avril 1882).
Stoerk. — Option und plebiscit.
De Vattel. — Droit des gens.
Vincent et Pénaud. — Dictionnaire de Droit international.
Weiss. — Traité élémentaire de Droit international.
Wosley. — International Law.

DROIT FRANÇAIS

DROIT FRANÇAIS

DE

L'EXPULSION DES ÉTRANGERS

PREMIÈRE PARTIE

LÉGISLATION RATIONNELLE

La liberté humaine est le plus sacré des droits naturels, et son complet développement n'est pas limité par les frontières du pays dont on est citoyen. Aussi tout homme doit-il avoir en principe le droit de libre séjour et de libre circulation. Entraver la liberté des rapports permanents des citoyens des divers États serait contraire aux principes du Droit et aux vrais intérêts des peuples.

Riches ou pauvres, les étrangers ont donc le droit de venir chez nous, les uns pour y dépenser leurs revenus en goûtant nos plaisirs, les autres pour y chercher de quoi vivre en travaillant. Le principe de la liberté individuelle leur permet de voyager librement et nous oblige à les recevoir.

Un grand nombre d'étrangers sur le sol français ne nous effraye pas, car nous ne sommes pas de ceux qui croient qu'il n'y a plus de patrie parce qu'on tolère sur notre territoire plus d'un million d'individus qui ne sont pas citoyens français (1). Est-ce un bien au point de vue économique ? Nous serions fort tentés de le croire. Les Italiens, les Espagnols, les Allemands qui sont chez nous ne font-ils pas certains travaux, si pénibles et si durs, qu'il serait souvent difficile, pour ne pas dire impossible, de les faire faire aux mêmes conditions par nos nationaux ?

Ces ouvriers étrangers se contentent de modestes salaires et donnent ainsi la vie à certaines de nos industries qui seraient bientôt écrasées par la concurrence étrangère si on les forçait à n'employer que des bras français.

Et puis ces étrangers entretiennent chez nous une activité incessante : ils excitent notre amour-propre et nous fournissent une sorte d'émulation continuelle, excellente dans un pays comme le nôtre, où l'aisance et le bien-être dominent et où, par suite, on pourrait craindre un abaissement physique et moral.

Enfin, comme le dit si spirituellement un de nos maîtres (2), puisque « nous ne voulons pas nous donner la peine d'avoir des enfants », puisqu'il fait

(1) *Comp.* Hubbard. *Patrie*, essai de politique légale. Au recensement du 30 mai 1886, il y avait en France, 1.115.214 étrangers. Le 30 décembre 1881, il y en avait 1.001.110, ce qui fait un accroissement de 114.104 en 4 ans et 5 mois.

(2) Article de M. Gide. *Revue d'économie politique*, avril 1887.

trop cher vivre et que, d'autre part, les ennuis et les responsabilités d'une nombreuse famille sont immenses, eh bien! qu'à cela ne tienne, facilitons la naturalisation aux étrangers qui sont chez nous, et nous aurons ainsi « des enfants tout faits et qui ne nous coûteront rien ». Ce sera faire œuvre de patriote presque sans le savoir et, en tout cas, sans que cela nous ait beaucoup gênés.

Ce que nous venons de dire s'applique spécialement à la classe pauvre : aux ouvriers. Ce sont eux, en effet, qu'on attaque le plus souvent. Quant aux riches étrangers qui viennent chez nous dépenser largement leurs revenus, nous ne pensons pas que jamais personne ait songé à leur interdire l'entrée de notre territoire et à priver la France de l'argent qu'ils y répandent sans compter.

Lorsqu'on va souvent chez la même personne, c'est qu'on éprouve quelque plaisir à la voir, ou que l'on en retire quelqu'intérêt. Il en est de même des peuples. Si les étrangers viennent chez nous, c'est pour y trouver ce qui leur manque chez eux : plaisir ou richesse. Or, de deux choses l'une : ou bien nous leur ouvrirons nos portes toutes grandes et nous permettrons aux nouveaux venus de jouir de notre bonheur, ou bien nous essayerons, comme l'avare, de cacher notre trésor. En ce cas, nous risquerons fort de voir les étrangers essayer de nous le ravir par la force.

Il est donc nécessaire et de droit naturel que chacun puisse aller où il lui plaît et se fixer sur la terre de son choix. Nous croyons, en outre, qu'au point de vue pratique et économique l'application de ce principe ne peut pas être nuisible aux intérêts des nations (1). Telles sont les idées que nous tenions à mettre en lumière au début de ce travail, afin que l'on ne nous accuse pas de manquer de libéralisme et d'humanité en cherchant à tempérer ce grand principe de la liberté individuelle par une restriction également utile et indispensable : le droit d'expulsion (2).

Il ne faudrait pas croire, en effet, que l'étranger reçu comme un hôte puisse absolument tout se permettre. Lorsque sa conduite sera une cause de trouble et qu'elle deviendra dangereuse pour la sûreté publique, le Gouvernement aura le droit de sévir. Ce sera même un devoir pour lui, car il faut avant tout qu'il sauvegarde la liberté de ses nationaux.

Mais pourquoi expulser l'étranger, peut-on dire ? Si l'acte qu'il a accompli tombe sous le coup de notre loi pénale, qu'on le livre à la justice, sinon pourquoi le faire conduire à la frontière ? La réponse est facile: il peut arriver pour certains actes que les tribunaux ne soient pas compétents et que l'extradition soit

(1) *Voir* les articles de M. Leroy-Beaulieu, du 6 janvier 1883 et du 3 octobre 1885, dans l'*Economiste français*.

(2) Consult. Pasquale Fiore. *Droit pénal international*, t. I, p. 101. — Ducrocq. *Droit administratif*, n° 738.

impossible ; en ce cas, comment sauvegarder les intérêts du pays de refuge si l'on n'expulse pas le coupable ? Un étranger par exemple commet un crime contre un de nos nationaux à l'étranger, il ne s'expose nullement à être poursuivi s'il pénètre en France ; la loi du 17 juin 1866 ne le permet pas. D'autre part, supposons que l'État sur le territoire duquel le crime a été commis ne réclame pas l'extradition du coupable ; comment, dès lors, pourra-t-on se défaire de cet individu dangereux dont la conduite et les antécédents dénotent qu'il peut nuire à la tranquillité publique ? Ce sera en l'expulsant de notre territoire (1). Seulement nous ferons remarquer que contrairement aux principes généraux admis en notre matière, on ne devra pas conduire cet étranger à la frontière du pays dont il est originaire, car l'expulsion deviendrait alors une extradition déguisée et permettrait à la justice étrangère de punir sûrement le coupable (2).

Trouvera-t-on maintenant une nation qui veuille recevoir cet individu reconnu dangereux en France ? Cela pourra être assez difficile en pratique, toute nation ayant le droit de ne pas recevoir chez elle un expulsé étranger dont les antécédents sont

(1) Garraud. *Précis de Droit criminel*, p. 144 ; — P. Fiore, *op. cit.*, tome Ier p. 61.

(2) Affaire Jérôme. — *Journal de Droit. int. pr.*, 1887, p. 594 et suiv.

mauvais et dont la présence sur son territoire peut devenir une cause de trouble.

L'expulsion n'est pas une peine (1) ; pour cela, il faudrait qu'elle fût prononcée par la loi pénale, pour un fait précis et déterminé. Or, il est impossible de prévoir tous les cas qui peuvent se présenter. Et puis l'expulsion n'est pas une mesure répressive ; c'est essentiellement une mesure préventive. Ce que l'on veut en expulsant, c'est empêcher qu'une infraction ne se commette, mais on ne conduit pas un étranger à la frontière pour le punir d'un crime ou d'un délit.

Ce qui fait illusion, c'est qu'habituellement on expulse des étrangers qui ont subi des condamnations pénales ; mais l'expulsion n'est pas une conséquence de la peine encourue. La condamnation atteste seulement la mauvaise conduite de l'agent ; elle fait craindre qu'il ne commette de nouveaux méfaits et elle justifie ainsi la mesure préventive de l'expulsion.

Un Gouvernement doit veiller à ce que la sécurité publique ne soit point troublée. C'est là, avant tout, son devoir et sa raison d'être. Il ne faut pas qu'un État reste désarmé en présence d'hôtes qui le trahissent, car « si l'hospitalité impose des devoirs à celui qui la donne, elle en impose de plus grands à celui qui la reçoit. Celui qui se sert de l'hospitalité pour surprendre et pour tromper plus sûrement un

(1) *Contrà*. Haus. *Principes de Droit pénal belge*, 4e éd., 1869, p. 440.

bienfaiteur imprévoyant perd son droit à l'hospitalité (1) ».

A côté de cette idée de violation des devoirs de l'hospitalité, il en est une autre qui justifie encore le droit d'expulsion : c'est que l'étranger ne fait pas partie de la nation et ne doit pas être traité exactement comme un national.

L'État ne peut pas expulser un national (2), car cet individu est membre de l'association politique qui l'a accepté et qui lui a conféré des droits civils et politiques. Ces droits, on ne saurait les lui enlever arbitrairement. En conséquence, le national peut toujours rester, s'il le désire, sur le sol de sa patrie. Il y a comme un contrat établi entre le citoyen et la nation qui lie l'un à l'autre d'une façon indissoluble. D'ailleurs, comme le fait très bien remarquer M. Fiore (3), « si l'État pouvait expulser un national, on ne pourrait contester aux autres États le droit d'interdire à l'expulsé l'entrée de leur territoire. Quel serait dès lors le lieu où cette personne aurait le droit de séjourner? »

Malheureusement, M. Fiore ne soutient pas sa doctrine jusqu'au bout; il s'arrête en chemin, comme s'il avait peur des conséquences. Aussi, après s'être

(1) Desjardins. Article dans la *Revue des Deux-Mondes* du 1er avril 1882.

(2) Ce principe est admis par tous les auteurs.

(3) P. Fiore. *Op. cit.*, p. 122.

demandé si l'État peut néanmoins interdire l'entrée de son territoire à un national, pour de graves motifs d'ordre public, l'auteur répond que si cette personne n'est pas expulsée par le Gouvernement étranger, on peut toujours lui interdire l'entrée du territoire si sa présence doit nuire à la sûreté et à l'ordre publics.

Contrairement à ces idées, nous n'admettons aucune exception à notre principe qu'on ne peut expulser un national ni lui interdire de rentrer volontairement dans sa patrie. Et d'abord, on peut faire la même objection que précédemment : Où ira ce citoyen, si les autres États lui ferment leurs portes? Et puis quelle différence sérieuse peut-on faire entre celui qui est une cause de trouble à l'intérieur et une autre personne qui peut nuire à la sécurité publique en rentrant dans sa nation? Ce sont des individus également dangereux, et la logique commande de les éloigner l'un et l'autre ou de les garder tous les deux.

Il est donc impossible de distinguer et l'on ne peut en aucun cas empêcher un citoyen de revenir dans sa patrie pas plus d'ailleurs qu'on ne peut l'en expulser. Tant qu'aucune infraction n'a été commise, tant qu'on ne peut reprocher au national aucune faute, on n'a pas le droit de porter atteinte à sa liberté.

Les étrangers, au contraire, n'ont ni les mêmes intérêts ni les mêmes devoirs que les nationaux. Que leur importe, la plupart du temps, le sort du pays qui les reçoit? Ils se soucient généralement peu de sa plus ou moins grande prospérité, et dès qu'un conflit s'élèvera entre leur pays d'origine et celui dont ils sont les hôtes, leur devoir sera de défendre le premier contre le second.

Refuser au Gouvernement le droit d'expulser l'étranger qui lui paraît indigne de participer aux droits assurés à l'association politique dont les destinées lui sont confiées, c'est nier l'autonomie nationale des peuples (1).

Les étrangers ne sont pas soumis à des taxes particulières (2); ils ne sont point astreints au service

(1) Bernard. *Traité théorique et pratique de l'extradition*, II, p. 616,

Comp. Tissot : *Principes de Droit public*, Introd., p. 5 ; — Desjardins, *loc. cit.*

(2) On a cependant proposé d'exiger des étrangers une taxe de séjour. Nous signalerons en ce sens un projet de loi déposé, le 8 mai 1883, par M. Pieyre sur le bureau de la Chambre des députés et ayant pour objet de frapper les étrangers résidant en France d'une taxé dont le produit devra être affecté par moitié à la Caisse nationale des retraites pour la vieillesse et par moitié à celle des invalides du travail. Ce projet a été renvoyé à la Commission d'initiative. Quant aux moyens à employer pour taxer les étrangers, on en a inventé plusieurs : les uns réclament que l'on mette sur eux un impôt direct particulier : 10 à 20 francs par tête ou un surcroît de 10, 20 ou 30 0|0 à l'impôt des patentes.

M. le député Steenackers, voulant paraître plus libéral sans doute, désirerait qu'aucun impôt ne frappât l'étranger lui-même, mais bien les personnes qui l'emploieraient. Avec ce procédé moins franc que le premier on nuit à la fois à l'étranger et au national : à l'étranger, car il est évident que cette mesure l'atteint indirectement ; au national, car l'étranger, voyant que les patrons et

militaire; ils n'ont pas de droits politiques (1), comment donc les assimiler complètement à des nationaux?

les maîtres ne veulent pas de lui, s'en ira ailleurs offrir ses excellents services.

Quelques-uns, avec cette idée fixe de se procurer de l'argent à tout prix, voudraient même rétablir les passe-ports et les permis de séjour et faire payer tous les six mois un droit de timbre de 15 ou 20 francs pour les renouveler. D'autres enfin soutiennent l'établissement d'une taxe militaire sur tous les gens impropres au service et étendent l'application de cette taxe aux étrangers qui, eux non plus, ne font pas chez nous de service militaire. Autant de moyens détournés de taxer les étrangers, autant de violations des principes de liberté individuelle et de liberté internationale.

La Chambre des députés a été saisie, en novembre 1885, par M. Thiessé et par M. Pradon appuyé par quarante-trois de ses collègues, de deux propositions distinctes ayant pour but d'établir une taxe de séjour sur les étrangers. La première commission d'initiative parlementaire vient de déposer un rapport sommaire tendant à la prise en considération de : 1° la proposition de M. Thiessé ayant pour objet de soumettre à une taxe de séjour les employés et les ouvriers de nationalité étrangère exerçant en France (le Parlement déterminera chaque année, par la loi de finances, le tarif de la taxe à percevoir); 2° la proposition de M. Pradon, ayant pour objet l'établissement d'une taxe de séjour sur tous les étrangers indistinctement (6 francs par an, pour les journaliers et gens de service, 18 francs pour les autres étrangers). Consult. *Doc. parlem.*, août 1886, p. 989.

Le Messager du Gouvernement russe a également publié, dans son numéro du 9-21 avril 1883, une proposition de loi frappant d'un droit mensuel de 11 roubles (44 francs par mois environ) tout étranger domicilié en Russie et tout sujet russe résidant à l'étranger.

Voir Bluntschli. *Droit international codifié*, traduction Lardy, 3e éd., n° 389; — Heffter, p. 144; — Schmelzing, par. 187-188; — Schilter, par 46; — P. Fiore. *Droit international public*, I, p. 112, et les notes 1 et 2; — Leroy-Beaulieu, art. dans l'*Economiste* du 30 juillet 1887; — *Journal de Droit int. pr.*, 1885, p. 126.

(1) Vainement soutiendrait-on que l'étranger admis à la jouissance des droits civils ne peut être expulsé. En effet, de l'assimilation des étrangers aux nationaux quant aux droits civils, il ne

Cela paraît évident, et cependant certains publicistes professent une doctrine tout opposée.

Pinheiro-Ferreira (1), dans ses notes sur l'ouvrage de Vattel, dit que « ce n'est que par une flagrante violation des droits imprescriptibles de l'homme que la législation du pays confère au Gouvernement le pouvoir discrétionnaire et sans contrôle de renvoyer du pays l'étranger ou de lui en défendre l'entrée. En votant une telle loi, le législateur a abusé de son mandat, qui lui enjoignait de défendre et de protéger les droit naturels de l'homme devenu membre de la société, autant que l'usage en sera compatible avec les droits de tous. Le lien de la cité est la volonté expresse ou tacite de se soumettre à cette seule condition ; et cette volonté, l'étranger la manifeste d'une manière encore moins douteuse que la majorité des habitants nés et domiciliés dans le pays. Nulle différence donc entre eux, quant à la jouissance et à l'exercice des droits civils qui ne sont autre chose que les trois droits naturels de la sûreté, de la liberté et de la propriété, garantis par la loi du pays; car là où il y a identité de raison, il faut qu'il y ait identité de disposition ».

Plus récemment encore, dans la séance du

faut pas conclure qu'on leur a accordé les droits politiques. Bernard, *loc. cit.* ; — P. Fiore, *loc. cit.*

(1) Pinheiro-Ferreira. *Notes sur le Droit des gens de Vattel*, livre II, par. 100, p. 317-319.

24 février 1882, M. Clovis Hugues, dans un langage tout à fait théâtral, exprimait le même désir à la tribune, au sujet de l'explusion de Lawroff : « Lorsqu'on expulse de France un étranger, sous un Gouvernement démocratique, disait-il à la fin de son discours, lorsqu'on chasse un homme qui a cru à notre hospitalité, on touche à la liberté, on touche au principe même de la République..... Du reste, nous sommes de ceux qui pensent que pour la France il n'y pas d'étrangers (1). »

D'autres auteurs se refusent également à admettre le droit d'expulsion, mais ils appuient leur théorie sur une tout autre base. C'est ainsi que, d'après lord Coke (2), les royaumes qui vivent en amitié les uns avec les autres « doivent être un sanctuaire inviolable pour les sujets respectifs qui cherchent un asile dans l'un ou l'autre pays ».

De même, M. Sapey, dans un mémoire couronné par la Faculté de Paris (3), souhaite que le territoire de chaque nation devenu sacré « soit un asile dans l'antique et religieuse acception du mot ».

Toutes ces opinions, quelques formes qu'elles re-

(1) Cette même idée a été reprise quelques temps après, lors de la discussion du projet de loi sur l'expulsion. Plusieurs députés voulaient enlever au Gouvernement, d'une façon complète, le droit d'expulsion. Il est permis de s'étonner que la plupart de ces députés aient voté l'expulsion de certains nationaux.

(2) Lord Coke. *Institutes.*

(3) Sapey. *De la condition des étrangers en France*, p. 306.

vêtent, suppriment à la fois le droit d'extradition et celui d'expulsion. Une fois qu'un homme a quitté son pays d'origine, qu'on le réclame ou qu'on ne le réclame pas, peu importe! Il sera à l'abri de toute poursuite et ne pourra être inquiété sur le territoire où il se sera réfugié.

Nous avons prouvé qu'il est impossible d'assimiler les étrangers aux nationaux, ajoutons simplement pour réfuter la théorie du droit d'asile, telle que l'entendent certains auteurs, que si cette institution a pu avoir sa raison d'être et son utilité autrefois, lorsqu'elle servait à protéger les faibles contre l'abus de la force, il n'en est pas du tout de même à présent où le droit d'asile ainsi compris servirait simplement à empêcher de punir les criminels. Il faut au moins pouvoir expulser l'étranger « qui fuit la justice de son pays les mains couvertes du sang qu'il a versé, tenant audacieusement le butin qu'il a ravi à ses victimes (1)». Il est essentiel de ne pas assurer le règne des malfaiteurs et de ne pas laisser le vol et l'assassinat jouir des bénéfices d'une scandaleuse impunité.

Le droit d'expulsion s'impose donc ; il est nécessaire pour assurer la sécurité de l'État ; c'est un des éléments complémentaires de la protection sociale qui est le but du droit de punir (2).

(1) Bernard. *Op. cit.*, II, p. 6. — Consult. également Faustin Hélie. *Traité de l'instruction criminelle*, t. V, p. 658.

(2) De Vattel : *Droit des gens*, livre II, chapitre VII, par. 94, et

Nos anciens auteurs avaient imaginé une théorie plus simple de l'expulsion des étrangers, qui cadrait au reste avec les idées de l'époque. Suivant eux, l'État était propriétaire du sol national et il octroyait en quelque sorte aux citoyens la jouissance de tous les droits. En partant de ce principe, l'État pouvait non seulement expulser les étrangers par mesure individuelle, mais encore par mesure collective ; il pouvait aussi leur interdire l'entrée du territoire, car le pouvoir de la nation était illimité et absolu. « Le droit exclusif de chaque nation sur son territoire, dit de

liv. VIII, par. 100; — De Martens : *Droit des gens*, chap. III, liv. III, par. 84 et 91 ; — Philimore : *International Law*, n° 365; — Wosley : *International Law*, p. 94 ; — Field-Dudley : par. 321 ; — Contostaulos : *De jure expell. peregr.* — Bluntschli : *Op. cit.*, par. 381 et suiv. ; — Ortolan : *Diplomatie de la mer*, liv. II, chap. XIV, p. 323 ; — Pasq. Fiore : *Dr. pénal int.*, t. I, p. 99 et suiv. ; — Goddyn et Mahiels : *Le Droit criminel Belge*, p. 82 et suiv. ; — De Neumann : *Eléments du Droit des gens moderne Européen* (traduction de Rietmatten), 3e éd., p. 36 et suiv. ; — Schmelzing : *Völkerrecht*, par. 168 ; — Günther : *Europaïsches Völkerrecht*, II, p. 219, 223, 314 ; — Schilter : *De jure expell. peregr.*, par. 52 ; — Heffter : *Le Droit international de l'Europe* (traduction Bergson), 4e éd., par. 62 ; — Pradier-Fodéré : *Traité de droit internat. public Européen et Américain*, t. III, nos 1857 et suiv. ; — De Bulmerincq : *Handbuch des öffentlichen Rechts*, II, 2. p. 240 ; — Stœrk : *Option und plebiscit*, p. 34 ; — De Holzendorff : *Rechtslexicon*, 3e éd., I, p. 215 ; — Weis : *Traité élémentaire de Dr. int. privé*, p. 340 et suiv., 416 et suiv. ; — Calvo : *Dict. de Dr. int.*, mot : *Expulsion*; — Wallon : *Du Droit d'asile*; — Bernard, *Op. cit.* ; — Durand : *Essai de Dr. int. privé*, p. 591 et suiv. ; — Vincent et Pénaud : *Dict. de Dr. int.*, mot : *Expulsion*; — Desjardins : art. dans la *Revue des Deux-Mondes*, *loc. cit.* ; — Jamais : article dans le journal *la Loi* des 4 et 5 mars 1881 ; — De Vigne : article dans la *Revue de Droit internat. de 1870*, p. 191 ; — De Bar : article dans le *Journal de Dr. int. privé de 1886*, p. 5 et suiv.

Martens (1), l'autorise à en fermer aux étrangers l'entrée tant par terre que par mer : par conséquent aussi à n'accorder l'entrée, le passage, le séjour qu'à ceux qui en auraient obtenu la permission spéciale...... Le gouvernement de chaque État a toujours le droit de contraindre les étrangers qui se trouvent sur son territoire à en sortir, en les faisant conduire jusqu'aux frontières. » De Vattel (2) s'exprime à peu près dans les mêmes termes : « Le souverain peut défendre l'entrée de son territoire soit, en général, à tout étranger, soit en certains cas ou à certaines personnes, ou pour quelques affaires en particulier... C'est une conséquence du droit de domaine. » Cet auteur cite même comme exemple la nation chinoise qui, craignant que le commerce des étrangers ne corrompît ses mœurs et n'altérât les principes de son gouvernement, avait interdit à tous les étrangers l'entrée de l'empire.

« Cette défense n'avait rien que de juste », poursuit de Vattel, elle ne blesse pas les devoirs de l'humanité qui permet, en cas de collision, de se préférer soi-même aux autres. Nous avons réfuté par avance un pareil système en établissant, au début de cette étude, la liberté d'aller et de venir ; aussi n'y reviendrons-nous pas.

(1) De Martens. *Droit des gens*, liv. III, chap. III, par. 84 et 91.
(2) De Vattel. *Droit des gens*, liv. II, chap. VII, par. 94 et chap. VIII, par. 100.

Aucun État n'a le droit d'interdire d'une façon absolue aux étrangers l'entrée de son territoire et d'empêcher les autres peuples d'avoir avec lui des relations internationales. En un mot, le droit d'expulsion n'est pas illimité (1). La pratique, au reste, a singulièrement changé depuis Vattel, et cet auteur serait bien étonné s'il voyait aujourd'hui les peuples de l'Extrême-Orient qu'il prend pour exemple, non seulement nous ouvrir leurs portes et nous recevoir, mais encore demander que l'on aille chez eux réformer leurs lois et les mettre au courant de la civilisation européenne (2).

Avec la doctrine de de Martens et celle de Vattel et des anciens auteurs, le droit d'expulsion étant tout à fait arbitraire il était non seulement illimité, mais pouvait encore être collectif, c'est-à-dire frapper à la fois toute une catégorie d'étrangers.

Les expulsions collectives ne sont en général pas admises par la science moderne du Droit public, excepté dans le cas où, la guerre étant déclarée, les hostilités vont commencer entre deux ou plusieurs peuples. Partant de cette idée, que les étrangers n'hésiteront pas à servir leur patrie aux dépens du pays qu'ils habitent, on reconnaît à l'État le droit

(1) Bluntschli. *Droit intern. codif.*, n° 381; — de Bar, *Op. cit.*, p. 11.

(2) Le Japon notamment a fait imprimer en français, à Tokio, les projets de Codes japonais de M. Boissonnade, professeur à la Faculté de Paris.

d'expulser les sujets de la puissance ennemie qui se trouvent sur son territoire, en leur donnant toutefois un certain délai pour opérer leur départ. En pareil cas, il est aisé de comprendre qu'une masse d'hommes plus ou moins considérable, appartenant à la nation contre laquelle on se bat, puisse nuire énormément peut-être au pays qui les a antérieurement reçus et qui est devenu leur ennemi. Aussi le Gouvernement peut-il user de la seule arme qu'il possède contre eux : l'expulsion par mesure générale.

Le traité d'Utrecht, en 1713, ainsi qu'un traité anglo-russe de 1766 reconnaissaient déjà ce droit, En 1798, le Congrès des États-Unis autorisait également le président John Adams à expulser les sujets ennemis en leur laissant un délai pour mettre ordre à leurs affaires.

Aujourd'hui, on s'efforce de n'user de ce droit extraordinaire et tout à fait exceptionnel qu'à la dernière extrémité. C'est ainsi qu'en avril 1854 la Russie déclara que les Français et les Anglais qui se trouvaient sur son territoire, s'ils observaient les lois et s'occupaient paisiblement de leurs affaires, « jouiraient pleinement de la même protection et de la même sécurité qu'avant la guerre, soit pour leurs personnes, soit pour leurs propriétés. »

Le 4 mai 1859, Napoléon III permet également aux Autrichiens résidant en France d'y rester pendant la guerre, « tant que leur conduite ne fournira aucun sujet de plainte. » Toutefois, leur entrée en France était subordonnée à une autorisation spéciale qui ne leur était accordée qu'à titre exceptionnel (1).

Une déclaration analogue du Gouvernement français fut publiée par le *Journal officiel* du 21 juillet 1870, au début de la guerre franco-allemande. Mais les faits qui se produisirent dans la suite forcèrent le Gouvernement à mettre de côté ces généreuses concessions et à prendre immédiatement une mesure rigoureuse.

Le préfet de police, M. Pietri, en vertu de l'article 5 de l'arrêté consulaire du 12 messidor an VIII, rendit une ordonnance (Ordon. du 4 août 1870) enjoignant à tous les étrangers originaires de la Prusse, de la Confédération du Nord, de la Bavière, du Wurtemberg, des grands duchés de Hesse et de Bade, résidant dans le ressort de sa préfecture, de demander un permis de séjour dans un très bref délai, sans quoi ils seraient mis immédiatement en état d'arrestation. « La présente ordonnance, ajoutait le préfet de police, n'est pas applicable à ceux de ces étrangers qui ont perdu par une autre naturalisation leur nationalité d'origine, ni à ceux qui ont été admis par

(1) Le roi d'Angleterre, dans sa déclaration de guerre à la France, en 1814, ordonnait déjà que tous les Français qui se trouvaient dans ses États pourraient y demeurer avec une entière sécurité pour leurs personnes et leurs effets « pourvu qu'ils se comportassent comme ils le devaient ». (Vattel, liv. III, chap. IV, par. 63.)

autorisation du Gouvernement à établir leur domicile en France. »

Il est à remarquer que le service militaire étant devenu obligatoire pour tous, presque partout les étrangers vraiment dangereux seront appelés sous les drapeaux par leur Gouvernement. Il ne restera donc qu'un petit nombre d'ennemis sur le territoire hospitalier, se composant en grande partie de femmes, de vieillards et d'enfants incapables de nuire d'une façon sérieuse. Aussi, nous croyons qu'à l'avenir les expulsions générales pourront être considérablement restreintes, et peut-être même complètement abolies.

Au lieu d'expulser les étrangers en temps de guerre, il semblerait plus utile de les garder comme autrefois, et de les empêcher d'aller servir leur pays. N'est-il pas légitime en pareil cas d'affaiblir le plus possible son adversaire en le privant de ses défenseurs ? Nous croyons qu'en agissant ainsi on violerait de la façon la plus évidente les règles du Droit public international (1). Il n'est permis de faire des prisonniers que tout autant que l'on se trouve en présence de soldats ayant déjà pris part aux hostilités ou tout au moins d'hommes enrégimentés et prêts à combattre. Mais on n'a aucun droit d'arrêter sur son territoire des étrangers pour le moment

(1) « La guerre n'abroge pas le Droit, même entre les États belligérants. » Bluntschli. *Op. cit.*, n° 529.

inoffensifs et paisibles, ne se livrant pas à l'espionnage ou à tout autre crime contre la sûreté de l'État. Il est impossible de les retenir, car ce serait porter une atteinte illégale à leur liberté individuelle (1).

« Le souverain qui déclare la guerre, dit de Vattel (2), ne peut pas retenir les sujets de l'ennemi qui se trouvent dans ses États au moment de la déclaration, non plus que leurs effets. Il sont venus chez lui sur la foi publique ; en lui permettant d'entrer dans ses terres et d'y séjourner, il leur a promis tacitement toute liberté et toute sûreté pour le retour. »

En dehors de l'hypothèse particulière que nous venons d'examiner, l'état de guerre, faut-il reconnaître comme légitime l'expulsion par mesure générale ? Nous sommes assez porté à admettre la négative et à penser, comme la plupart des auteurs, que cette sorte d'expulsion est, en principe, contraire au droit des gens. « L'expulsion des étrangers pour cause de religion, dit Bluntschli (3), comme on la pratiquait au Maroc ou à Bochara à l'égard des chrétiens, doit être réprouvée avec énergie. » Nous devons également blâmer les auteurs de la loi de 1703 en

(1) Bluntschli. *Op. cit.*, n° 529 et suiv., notamment l'art. 534 et la note. — *V.* également un art. de Bluntschli dans la *Gegenwart;* Berlin, 1876.

(2) De Vattel. *Op. cit.*, liv. III, chap. IV, par. 63. — Comp. avec le par. 104, liv. II, chap. VIII.

(3) *Op. cit.*, n° 381, note.

vertu de laquelle les Anglais et les Hollandais non catholiques étaient expulsés en masse du territoire espagnol, et l'ukase de l'empereur Paul Ier enjoignant aux Français résidant en Russie lors de la révolution de 1789, de renoncer par serment « aux doctrines athées et séditieuses de leur patrie », sous peine d'expulsion. Mais ces exemples sont bien loin de nous, et l'on pourrait croire qu'à notre époque l'expulsion en masse n'a plus aucune application et est complètement inutile.

Il n'en est malheureusement pas ainsi et l'on a pu voir, ces dernières années, les États-Unis se servir de l'expulsion collective à l'égard des Chinois venus pour travailler sur son sol.

Le Gouvernement des États-Unis, dans le but d'augmenter de beaucoup le nombre des ouvriers dont il avait besoin, accorda, par le traité de 1868, aux Chinois qui viendraient en Amérique, un traitement égal à celui que les Américains recevaient en Chine. Aussitôt l'immigration chinoise fut considérable. Les États-Unis avaient fait l'acquisition de travailleurs sobres et infatigables qui, ayant de bien moindres besoins que leurs concurrents de race blanche, se contentaient pour leur rémunération d'un bien plus modique salaire. Aussi résulta-t-il de cette situation une vive irritation de la part des indigènes contre les Fils du Ciel qui amena de fréquents désordres. On s'insurgea contre « la peste jaune », et l'on voulut renvoyer le « Cheap John » (1). Les Irlandais et les Allemands se coalisèrent avec les ouvriers américains et l'on dénonça à la réprobation de l'Union tout entière « le sectateur de Boudha », « le polygame » et « le fumeur d'opium ». Bien entendu, ce que l'on visait au fond, c'était le manœuvre sur les chemins de fer comme sur tous les chantiers des travaux publics, celui qui occupait même certaines industries, l'excellent ouvrier, le « Cheap John », qui était devenu un concurrent par trop sérieux et par trop redoutable.

En présence de ces faits, le Gouvernement n'hésita pas à arrêter l'immigration et à expulser même le plus possible les ouvriers Chinois. Les conditions du traité de 1868 ne furent plus exécutées et le droit des gens fut manifestement violé (2). — Cependant le Gouvernement des État-Unis se ravisa et chargea le ministre à Pékin, M. Angell, de négocier un nouveau traité. Ce traité est celui du 25 janvier 1881, ratifié par le Sénat le 5 mai de la même année. Il autorise le Gouvernement fédéral à « limiter, régler

(1) « Jean à bon marché », tel était un des nombreux surnoms que l'on avait donnés aux Chinois.

(2) Le Congrès, sur l'initiative de M. Miller, représentant, vote un bill qui suspend pendant vingt ans l'immigration chinoise et le Mining record regrette au suprême degré que le président ait jugé convenable d'opposer son *veto* à l'act que les deux Chambres du Congrès ont voté à une si forte majorité. — Certains autres journaux, comme le *Daily Bulletin*, regrettent cependant ces mesures de violence.

ou suspendre l'arrivée ou la résidence sur le territoire de l'Union, des travailleurs chinois, dans le cas où leur présence peut compromettre ou simplement menacer les intérêts des États-Unis ou l'ordre public ». Il était impossible de parler en termes plus généraux et d'abandonner les Chinois d'une façon plus absolue au bon plaisir du Gouvernement américain. Une exception est cependant établie en faveur des professeurs, étudiants, négociants, voyageurs, ainsi que pour leur suite et leurs domestiques, et aussi pour les ouvriers chinois « résidant actuellement aux États-Unis ».

Comme il est aisé de le voir, l'exception est heureusement aussi large que la règle et permet de la tempérer et même de l'annuler dans une foule de cas.

Déjà, le 3 avril 1880, les députés de la Californie avaient voté une loi d'expulsion contre les Chinois « dont la présence est dangereuse pour la communauté des villes, bourgs et comtés ». Le Gouvernement de Washington pouvait « régulariser, limiter, suspendre l'immigration chinoise ».

La *Democratic State Convention* de l'Yowa et celle de la Pensylvanie ont adopté des résolutions à peu près identiques. Un des passages du programme de la Pensylvanie est ainsi conçu : « Nous approuvons la législation du Congrès qui défend l'entrée aux États-Unis des travailleurs engagés par contrat et qui rend obligatoire le renvoi des immigrants indigents ou criminels. Nous louons l'Administration nationale de la fermeté qu'elle apporte à la mise en vigueur de ses lois, et quoique opposés à toute restriction anti-libérale, nous soutiendrons telle mesure et règlement additionnels qui peuvent être nécessaires (1). »

Cette véritable campagne contre la race jaune a

(1) *Économiste Français* du 24 sept. 1887, p. 382 et suiv., art. de M. Chailley. — Comp. avec la p. 197 de la même année, où se trouve un autre article du même auteur.

Les *Colonies australiennes* cherchent aussi à se défendre contre l'immigration chinoise. Elles ont limité à cet effet le nombre de Fils du Ciel susceptibles d'être débarqués par un seul navire. Un capitaine de steamer ayant dernièrement dérogé à ce règlement et ayant voulu descendre à terre, à Sydney, dix Chinois de plus que cela ne lui était permis s'est vu traduire devant la Cour de police. Il a été condamné à une amende de 1000 livres sterling, soit 100 livres sterling pour chaque Céleste de trop, les papiers de son navire étant retenus jusqu'à payement de ladite amende.

L'Australie cherche également à se défendre le plus possible contre l'entrée, sur son territoire, des condamnés évadés ou même libérés des établissements pénitentiaires de la Nouvelle-Calédonie.

Le Parlement de Victoria a cependant rencontré pendant plusieurs années l'opposition du Gouvernement métropolitain aux mesures qu'il avait cru devoir adopter dans ce but, et il n'a pu obtenir l'autorisation de les appliquer qu'après que sa législation les eût votées pour la seconde fois.

Dans le *Queensland*, le Parlement a interdit le débarquement des criminels de la Nouvelle-Calédonie. Il a également vu le Gouvernement impérial lui refuser son approbation. Il sera probablement obligé d'apporter certains tempéraments qui lui permettront d'obtenir à son tour la ratification de la métropole.

V. l'article de M. Dreyfus dans l'*Économiste Français* du 30 juillet 1887.

eu comme auxiliaire puissant une vaste association qui exerce en Amérique une influence considérable par le nombre de ses adhérents qui s'élève à plus d'un million : les chevaliers du travail. Mais cette association ne s'attaque pas seulement aux Chinois, elle s'en prend aussi aux Européens et, tout dernièrement encore, au mois de juillet 1887, le gouvernement américain expulsait des ouvriers lyonnais appelés par un Français, M. Chaffangeon, qui possède près de New-York des usines de tissage. Parvenus à New-York, les ouvriers tisseurs furent conduits à Castel-Garden (bureau d'émigration), où ils furent interrogés sur leur nationalité, les causes qui les conduisaient en Amérique, les engagements qu'ils avaient contractés, etc... Finalement, on les interna dans les docks sous la surveillance de six douaniers et soumis à un appel d'heure en heure, afin de s'assurer de leur présence. Ils restèrent ainsi cinq ou six jours, espérant qu'une décision les autoriserait bientôt à se rendre à Sterling, où se trouve située l'usine de M. Chaffangeon. Vaine attente ! Au bout de huit jours ils étaient obligés de se rembarquer sur le même paquebot qui les avait amenés. On avait tout simplement appliqué les lois contre les Chinois à des Français.

Ces procédés vexatoires pour les immigrants mettent bien à jour le sentiment de jalousie de l'ouvrier indigène contre l'ouvrier étranger ou plus habile, comme les ouvriers lyonnais, ou moins exigeants dans leur prétentions, comme les Italiens, les Irlandais, les Allemands et les Chinois. Le Gouvernement, au lieu de faire droit aux plaintes qu'on lui adressait contre les étrangers et qui étaient toutes dictées par un intérêt purement personnel et égoïste, aurait mieux fait, croyons-nous, d'envisager la question à un point de vue plus libéral et plus progressiste en même temps que plus utile pour le bien public.

Toujours, en effet, l'arrivée d'étrangers, soit industriels et capitalistes, soit simples ouvriers, a été pour un peuple un élément de prospérité. Toujours, au contraire, la proscription d'un groupe quelconque d'habitants a été pour une nation une cause de décadence. La Prusse et même l'Angleterre ont singulièrement profité de l'arrivée des protestants chassés de France par la révocation de l'édit de Nantes, en 1685. L'Espagne, au contraire, après l'expulsion des Maures, a eu à subir une période de décadence. De nos jours enfin, n'est-il pas incontestable que les étrangers ont par exemple notablement contribué à créer des manufactures en Russie et à y perfectionner les méthodes agricoles et industrielles (1) ?

(1) V. dans l'*Économiste Franç.* les articles de M. de Fontpertuis, du 26 mars 1881 et du 3 juin 1882 ; --les articles de M. Chailley, du 16 juillet et du 24 sept. 1887, p. 197 et 382 ; — la lettre de M. Berthilier de la chambre syndicale des tisseurs de Lyon, p. 233, année 1887 ; — l'article de M. Leroy-Beaulieu, du 30 juillet de la même année.

Malgré ces raisons, nous voyons, tout prêt de nous, le Gouvernement prussien multiplier systématiquement les expulsions de Galiciens et de sujets russes de race polonaise. On veut absolument chasser du territoire allemand tout élément polonais. Il ne pouvait résulter de cette manière d'agir que des représailles. Aussi le gouverneur de Galicie a-t-il ordonné de dresser une liste des sujets prussiens résidant dans la Pologne autrichienne, afin de pouvoir les expulser à son tour. Les journaux hongrois disent même que, les Allemands étant plus nombreux en Autriche que les Autrichiens en Allemagne, il faut expulser deux Allemands pour un Autrichien.

La Russie a expulsé également une assez grande quantité de sujets prussiens, et plusieurs industriels de Varsovie ont renvoyé tous leurs ouvriers allemands pour les remplacer par les Polonais expulsés de Prusse.

Ces diverses représailles affaiblissent chaque jour la bonne entente qui doit exister entre les différentes puissances. Elles peuvent amener à certains moments des conflits fort regrettables et fort graves. Aussi ne doit-on jamais, en principe, faire usage de l'expulsion générale, à moins de se trouver dans un cas de force majeure difficile, au reste, à rencontrer; car, même en temps de guerre, comme nous l'avons dit précédemment, les circonstances et les lois existantes feront qu'il ne sera souvent pas utile de se servir d'une pareille mesure (1).

Cependant, il est une dernière hypothèse où l'on a cru, ces derniers temps, que l'expulsion collective était permise : nous voulons parler de l'expulsion en matière d'annexion.

Lorsqu'une portion de territoire est annexée à une puissance, on oblige les habitants du pays annexé à opter pour la nationalité de l'État annexant ou à conserver la nationalité de leur pays d'origine (2). Dans ce dernier cas, la pratique reçue dans la plupart des traités (3) veut que l'option, pour être régulière, soit suivie d'émigration dans un délai fixé. Or, on peut supposer que l'optant qui a émigré dans le délai voulu rentre dans son pays d'origine au bout de quelques années.

L'État annexant aura-t-il alors le droit d'expulser en masse les individus qui rentrent dans cette catégorie ?

Nous ne le croyons pas. Ces individus doivent être simplement considérés comme des étrangers et on

(1) Grotius (*de Jure bel. et pac.*), dès les premières années du XVIIe siècle, blâme les expulsions collectives et reproche aux Athéniens d'avoir défendu aux Mégariens l'entrée de leurs ports. Il voit dans cette prohibition collective un juste sujet de guerre.

(2) Si les habitants du pays annexé ne font aucune option et restent sur le territoire annexé, ils sont considérés comme renonçant à la nationalité de leur pays d'origine et ils acquièrent, par cette sorte d'abstention, la nationalité du pays annexant.

(3) Traité de Turin, 1860. — Traité de Francfort, 1871.

ne peut les expulser qu'*individuellement*, lorsque leur présence est une cause de trouble pour l'État annexant. Cependant, un rescrit du feld-maréchal de Manteuffel, statthalter d'Alsace-Lorraine, à la date du 28 août 1884, ordonne l'expulsion de tous ceux qui, après avoir quitté le pays annexé, y reviennent plus tard sans se faire naturaliser Allemands (1).

Le Gouvernement allemand a même quelquefois annulé des options régulières, sous le prétexte que l'émigration n'avait pas été réelle, et il n'a jamais voulu fixer un délai passé lequel les Alsaciens-Lorrains ayant opté pour la France et émigré pourraient librement revenir dans leur pays d'origine pour y être considérés comme des étrangers ordinaires.

Cette ligne de conduite du Gouvernement allemand est en tous points critiquable, car elle n'a d'autre fondement que l'arbitraire le plus pur.

Le traité conclu entre la France et la Suède, à l'occasion de la rétrocession de l'île de Saint-Barthélemy, ne subordonne pas la validité de l'option à l'émigration, mais il réserve au Gouvernement français le droit de contraindre ceux des optants qui seraient une cause de trouble à quitter l'île. L'expulsion est alors *individuelle* et en tout conforme aux principes (2).

(1) V. l'article de M. Hœnel dans le *J. de Dr. int. privé* de 1884, p. 477. — Comp. de Bar, *loc. cit.*

(2) Art. 2 du traité du 10 août 1877; — Weis. *Op. cit.*, p. 243, et la note 1.

Nous avons reconnu en principe au Gouvernement le droit d'expulsion ; mais est-ce à dire que l'État puisse s'attribuer un pouvoir absolument discrétionnaire pour expulser l'étranger sans aucune formalité légale et sans l'admettre à défendre sa liberté ?

Nous ne voudrions pas aller jusque-là et nous croyons qu'il est utile de concilier autant que possible les droits de la souveraineté avec le respect dû à la liberté individuelle.

Il est un point toutefois sur lequel on ne saurait faire aucune concession : le droit d'expulsion ne peut pas être restreint à certains cas prévus par la loi (1). L'unique but du droit d'expulsion est de permettre au Gouvernement d'éviter des troubles qui pourraient compromettre la tranquillité publique. Or, comment déterminer à l'avance tous les faits susceptibles de troubler l'ordre social? Et puis la gravité et l'importance de ces faits n'est-elle pas essentiellement variable suivant les époques et les lieux où ils se produisent ? Tel acte qui devra nécessiter l'expulsion de son auteur en temps de guerre ou encore sur un département frontière, pourra ne pas éveiller l'inquiétude des gouvernants, s'il s'accomplit au centre du pays ou en temps de paix. Que l'on déclare d'avance que, dans tels cas déterminés, l'État

(1) Cette proposition a été faite, notamment en 1865, à la Chambre des représentants, en Belgique. Elle fut repoussée par la section centrale à la majorité de quatre voix contre une.

aura le droit d'expulser les étrangers, nous n'y voyons aucun inconvénient; mais que l'on n'ait pas la prétention d'écrire un texte de loi limitatif, ce serait complètement manquer le but de l'institution.

Mais alors le Gouvernement va pouvoir faire absolument ce qu'il voudra et nous retombons dans l'arbitraire le plus absolu. Nous ne le croyons pas, car l'arrêté d'expulsion devra être motivé et contenir les causes servant à justifier l'exclusion du territoire de l'étranger qui en sera frappé.

L'expulsion arbitraire et non motivée pourrait au reste être le point de départ de réclamations diplomatiques de la part de la nation à laquelle appartient l'étranger. La partie lésée aura toujours le droit de demander aide et protection à son consul ou de provoquer l'intervention de son pays (1). Mais n'aura-t-elle pas en outre un certain recours contre cet arrêté d'expulsion ? Pour répondre à cette question il est nécessaire d'établir certaines catégories d'étrangers et de distinguer des situations bien différentes.

Tout d'abord, nous reconnaissons à l'État le droit d'expulser sans aucun recours les vagabonds et les mendiants (2). A chaque pays, en effet, incombe le soin de nourrir ses pauvres. Seulement il faudra ne

(1) Bluntschli, *loc. cit.*; — de Bar, *op. cit.*, p. 12 et suiv.

(1) *Voir* l'article de M. de Vigne, *loc. cit.*, et la lettre du docteur Lieber rapportée par M. Rolin-Jacquemyns, dans la *Revue de Dr. int.* de 1870, p. 147.

pas confondre, avec les indigents qui n'arrivent que pour être à charge à la population ou à l'État, les étrangers pauvres qui ne demandent rien à personne et ne cherchent qu'une occasion favorable pour travailler. Ces derniers ont le droit d'aller vivre dans un milieu plus favorable à leur activité, et nous ne devrons pas leur refuser l'accès de notre territoire.

Viennent ensuite les condamnés, qui peuvent avoir été punis à l'étranger ou en France. Nous ne croyons pas, contrairement à certains auteurs, qu'on puisse les expulser par cela seul qu'ils ont été condamnés. Il faut en outre que leur présence sur le sol français soit reconnue dangereuse pour l'ordre public (1). Comprendrait-on, par exemple, que l'on expulsât sans l'entendre un étranger qui aurait été condamné pour homicide par imprudence !

Enfin, il est une classe d'étrangers particulièrement intéressante et que l'on doit entourer de garanties à raison même des droits qu'ils ont acquis sur notre sol : ce sont ceux qui résident depuis longtemps en France, qui s'y sont mariés, souvent avec une Française, y ont eu des enfants, y sont même domiciliés (2).

(1) Un étranger, sans avoir été condamné, peut être reconnu dangereux et expulsé. On pourra même expulser l'étranger qui serait venu en France comploter contre une nation amie.

(2) Bluntschli (*op. cit.*, n° 383) pense que les étrangers qui ont un domicile fixe sur le territoire d'une nation ont droit à la protection des lois au même titre que les nationaux. Nous ne saurions aller aussi loin. — *Voir* Bernard, *op. cit.*, p. 629.

Dans ces cas particulièrement favorables, l'expulsion ne saurait être ordonnée que pour de très graves motifs. Il est clair en effet que toutes ces personnes seront atteintes par l'arrêté d'expulsion d'une manière plus sensible que ne l'aurait été un étranger non résidant. Souvent, au reste, cette expulsion rejaillira sur les nationaux eux-mêmes, lorsque l'étranger sera en relations d'intérêts ou de famille avec eux. Un lien plus étroit unit ces étrangers à la nation; pour le briser, la législation doit se montrer d'une extrême prudence. Néanmoins, nous ne croyons pas que la procédure discrétionnaire devienne insuffisante et surtout que l'autorité ministérielle et administrative soit désormais incompétente pour expulser les étrangers appartenant à cette catégorie privilégiée. Quelles que soient les garanties d'impartialité que présente l'autorité judiciaire, il nous paraît impossible de porter devant elle tout débat relatif à l'expulsion.

Cette mesure est essentiellement un acte gouvernemental et de haute police que ne sauraient, en aucune façon, apprécier les tribunaux judiciaires. Les tribunaux administratifs eux-mêmes doivent être incompétents, mais nous comprendrions plutôt un recours devant le Conseil d'État, par exemple, que devant toute autre juridiction. C'est une question de séparation de pouvoirs. Aussi, ne comprenons-nous pas qu'on ait voulu, dans notre hypothèse, que l'étranger soit assigné par le préfet devant une des Chambres de la Cour d'appel siégeant en chambre du Conseil. Cette juridiction jugeant disciplinairement entendrait le ministère public représentant l'État ou le préfet lui-même, l'étranger et son conseil, et prononcerait en dernier ressort, sans recours en cassation pour vices de formes (1).

Le droit d'expulser les étrangers ne doit appartenir qu'au Pouvoir exécutif, au chef de l'État ou aux ministres (2). Ces autorités pourront mieux apprécier que les autorités judiciaires les différentes causes d'expulsion, par suite des renseignements spéciaux qui leur sont fournis par la Sûreté. Et puis il est indispensable que l'on puisse conduire immédiatement à la frontière un étranger dangereux pour la paix publique, et toute procédure judiciaire, outre qu'elle permettrait de divulguer certains secrets que l'État aura souvent grand intérêt à conserver, entraînerait par ses lenteurs l'inutilité de l'expulsion, qui deviendrait le plus souvent complètement inefficace.

Il faut pouvoir agir avec rapidité pour empêcher que le mal ne se commette. Aussi, ne voyons-nous

(1) Bernard. *Loc. cit.*

(2) Nous comprenons très bien que, dans certaines circonstances, ce pouvoir puisse être délégué aux autorités administratives, aux préfets par exemple, dans les départements frontières où les étrangers sont en grand nombre et où les expulsions seront par suite plus considérables.

pas, même pour l'étranger domicilié, qu'il soit possible d'organiser un recours en le laissant provisoirement en liberté. Nous admettrions tout au plus un recours devant le Conseil d'État, en permettant au Gouvernement de s'assurer de la personne de l'étranger pendant la durée du recours. Mais ce qui nous paraît encore préférable, c'est d'entourer pratiquement cette expulsion de toutes les garanties possibles et de faire prendre la décision par le conseil des ministres qui inspirera probablement à l'étranger tout autant de confiance qu'une Cour d'appel.

Il est une hypothèse tout à fait spéciale où l'on pourrait admettre la compétence des tribunaux judiciaires, c'est le cas où l'on expulserait un individu qui prétendrait ne pas être étranger. On comprend qu'alors un sursis lui soit donné pour permettre de faire juger cette question préjudicielle. Mais comme cet individu a été déclaré dangereux, ne serait-il pas prudent de l'incarcérer en attendant la décision du tribunal ? D'autre part, n'est-il pas à craindre que bon nombre d'étrangers, pour gagner du temps, prétendent à faux qu'ils sont Français et que l'expulsion ne leur est point applicable ?

Il est un recours que l'on pourrait donner à toute espèce d'expulsés et qui serait surtout utile à l'étranger domicilié, ce serait un recours pécuniaire, en dommages-intérêts contre le ministre de l'Intérieur ou contre l'État. Ce recours n'empêcherait pas, bien entendu, de conduire préalablement l'étranger à la frontière. Mais si plus tard il prouvait, par exemple, qu'il est national ou que l'arrêté a été pris contre lui d'une façon tout à fait arbitraire, le ministre ou l'État serait responsable devant l'autorité judiciaire du dommage qu'on lui a causé, et qui pourra être parfois considérable si l'expulsé est un commerçant ou un industriel.

Une sanction à l'inobservation de l'arrêté d'expulsion est le corollaire indispensable d'une pareille mesure. On devra punir même assez sévèrement l'expulsé qui rentrera de nouveau sur le territoire, afin d'empêcher les infractions continuelles qui ne manqueraient pas de se produire à l'arrêté d'expulsion.

Il est certaines mesures préventives, telles que passeports, cartes de sûreté, permis de séjour, que nous ne saurions admettre comme contraires au développement des relations internationales. Outre que ces mesures ont un caractère essentiellement vexatoire, il est par trop facile de les éluder en pratique et de tromper les agents du Gouvernement qui les réclame. Il est par trop aisé, en effet, d'inscrire de faux noms sur le registre d'un hôtelier ou d'un commissaire de police et de se servir de pièces qui ne vous appartiennent pas pour induire en erreur à la frontière les agents qui exigent que vous justifiiez de votre identité (1). Il est à remarquer au reste que la pratique a, depuis longtemps, renoncé à ces formalités que l'on ne rencontre plus que dans la législation de certains États, où l'on ne les applique même pas et où elles sont tout à fait lettre morte.

Nous en aurions fini avec la première partie de ce travail, si nous ne tenions, avant de commencer l'étude pratique de l'expulsion, à bien marquer la différence qui existe entre ce droit et l'extradition. Ces deux institutions ont été souvent confondues ; aussi convient-il de les distinguer nettement.

L'extradition suppose toujours l'imputation d'un fait délictueux ; l'expulsion au contraire est, comme nous l'avons déjà dit, une mesure préventive. On n'expulse pas parce que tel crime a été commis, mais pour empêcher qu'il ne se commette.

En second lieu, toutes les fois, qu'un individu sera reconnu dangereux, que ce soit à la suite de crimes ou de délits politiques, ou encore parce qu'il aura déserté, il pourra toujours être expulsé. Dans ces deux cas, au contraire, l'extradition n'est pas admise (2).

Enfin, l'extradition est obligatoire ou facultative : obligatoire lorsqu'il y a un traité qui l'exige, facul-

(1) *Contra :* Bernard, *loc. cit.* ; — Bertheau, art. dans le *Journal de Dr. int.* de 1887, p. 583 et suiv.

(2) Ducrocq. *Dr. adm.*, t. Ier, n° 738.

tative quand il n'y a aucune convention. L'expulsion, elle, est toujours facultative.

L'extradition suppose une entente préalable entre les deux Gouvernements ; elle constitue un acte bilatéral, une sorte de contrat, tandis que l'expulsion ne suppose aucune entente et est simplement un acte unilatéral. C'est ce qu'a très bien expliqué M. de Freycinet dans la séance du 24 février 1882 (1). « Sans doute, disait-il, d'après des informations particulières, quelquefois par les conversations amicales engagées avec les représentants d'une puissance, les chefs de notre Gouvernement peuvent apprendre que telle ou telle personne est, à raison des intelligences qu'elle entretient au dehors, une cause de préoccupation pour cette puissance. Quand nous sommes ainsi avisés, nous prenons des mesures en conséquence ; mais l'État qui expulse n'est lié par aucun contrat préalable et reste, au demeurant, maître de ses actions. Lorsqu'il a été sondé par une puissance étrangère, il apprécie, dans la plénitude de son libre arbitre, s'il lui convient ou non d'obtempérer au désir qu'elle manifeste. Il expulse ou n'expulse pas, à sa guise, sans violer un engagement international. Il peut expulser à l'insu de la nation à laquelle appartient cet étranger suspect, au besoin malgré elle (2). »

(1) Réponse de M. de Freycinet à l'interpellation de M. C. Hugues dont nous avons déjà parlé.

(2) Comp. de Martens. *Nouv. rec.*, t. XV, p. 688-695.

L'extradition et l'expulsion n'ont de caractère commun que leur application exclusive aux étrangers et jamais aux nationaux (1). Il peut se faire que le réfugié ait commis des délits de deux sortes : les uns tombant sous le coup de l'extradition ; les autres, au contraire, ne permettant pas d'extrader le coupable.

Après avoir été livré à la nation requérante, ce réfugié ne pourra être jugé que pour les actes de la première catégorie. Au contraire, l'expulsé qui revient dans sa patrie où il avait commis jadis des infractions non passibles d'extradition pourra être jugé et condamné pour ces faits délictueux ; mais cette hypothèse ne se produira pas bien souvent, car l'expulsé pourra demander au Gouvernement de ne pas le ramener à la frontière de sa nation. Il arrive cependant dans la pratique qu'on avertit même les autorités du pays du réfugié qu'on « refoule » tel ou tel coupable dont on a prononcé l'expulsion. C'est livrer cet individu d'une façon certaine à la justice

(1) Cette règle n'a cependant pas toujours été suivie dans la pratique. L'Angleterre a parfois extradé des nationaux, et la France expulsé des Français. (V. Loi sur l'expulsion des Princes du 22 juin 1886 ;— Consult. Chambre, séances des 10-11 juin 1886. *Déb. parl.* 1886, p. 1070 et suiv. ; Sénat, 22 juin 1886 ; Dalloz, 7me et 8me cahiers de 1886.

Affaire du prince Jérôme-Napoléon. — *Journal du Palais*, 1876, p. 1218, et la note de M. Labbé ;— Assemblée nat., séance du 29 mars 1873 ;— Jugement du trib. de la Seine, du 19 fév. 1873.

Loi contre les affiliés à l'Association internat. des travailleurs, art. 3, par. 3.

de son pays d'origine, mais c'est aussi violer les règles du Droit public international. L'expulsion dans ce cas aboutit au même résultat que l'extradition.

Il peut encore arriver qu'un individu non originaire du pays requérant soit extradé pour certains chefs seulement, bien qu'ayant commis d'autres faits délictueux. Lorsque le coupable aura fini sa peine ou aura été acquitté, il va sans dire qu'il sera impossible de le poursuivre pour les faits non passibles d'extradition ; mais il peut arriver que cet étranger soit expulsé de l'État requérant qui regardera comme dangereux sa présence sur le sol de la nation. Or, de deux choses l'une : ou bien cet individu restera à l'étranger, ou bien il rentrera de nouveau sur le territoire de la puissance qui l'expulse. Dans le premier cas, il est évident que cet expulsé n'encourra aucune peine; mais, dans le second, il se verra poursuivi pour les délits qui n'avaient pas pu être compris précédemment dans la demande d'extradition. L'État requérant sera, en effet, délié de l'engagement qu'il avait pris envers le pays de refuge, puisqu'il ne poursuivra plus l'étranger en vertu du droit d'extradition, mais bien en vertu des simples règles du droit commun.

Prenons un exemple : un Belge, après avoir commis plusieurs crimes en Allemagne, se réfugie en Suisse. L'Allemagne demande à la Belgique l'extradition du coupable et l'obtient, pour certains faits seulement. Le Belge est condamné pour ces faits passibles d'extradition; quant aux autres, on ne peut pas le poursuivre. Mais sa présence en Allemagne étant considérée comme dangereuse, on l'expulse. Supposons que l'expulsé retourne en Suisse. S'il y reste, il sera à l'abri de toute poursuite quant aux faits qui n'étaient pas passibles d'extradition et pour lesquels il n'a pu être condamné; mais s'il revient en Allemagne, non seulement on pourra lui infliger une peine pour avoir enfreint l'arrêté d'expulsion, mais encore il deviendra punissable pour les crimes antérieurement commis en Allemagne et pour lesquels on ne l'avait pas extradé.

Nous venons de supposer que l'individu extradé n'était pas originaire du pays requérant : c'est un Belge extradé à l'Allemagne. S'il en était originaire, c'est-à-dire, dans notre hypothèse, si c'était un Allemand, on ne pourrait pas l'expulser, puisque nous avons admis et prouvé qu'on ne peut expulser un national (1).

(1) P. Fiore. *Op. cit.*, p. 125 et suiv.

DEUXIÈME PARTIE

LÉGISLATION POSITIVE

CHAPITRE PREMIER

LOI FRANÇAISE

SECTION Ire

Droit commun.

Après avoir montré quel est le fondement et la base du droit d'expulsion des étrangers et avoir marqué les limites de cette mesure, demandons-nous maintenant, dans une seconde partie, quelle est, dans notre pays, la pratique de ce droit (1).

Jusqu'à la Révolution, l'expulsion des étrangers

(1) L'expulsion des étrangers était admise en Droit romain. C'est ainsi que, sur la proposition de Junius Pennus, sur celle de Cotta, de Torquatus, de Gabinius et de bien d'autres, il intervint des lois ordonnant aux étrangers de sortir du territoire romain. Cicéron blâme cette mesure en trouvant déjà énorme la privation du droit de cité « usu vero urbis prohibere peregrinos sane inhumanum est » (*De Offic.*, liv. III, chap., XI). — L'expulsion fut fréquemment appliquée par les empereurs. Les seules personnes qui y échappaient étaient les médecins et les professeurs.

C'était les « præcones » qui expulsaient les étrangers de la ville

ne fut réglementée par aucune loi spéciale et resta soumise à l'arbitraire du pouvoir. A l'époque révolutionnaire au contraire nous rencontrons une foule de lois s'occupant des étrangers parmi lesquelles plusieurs traitent spécialement de leur expulsion. On accueillait alors les étrangers avec faveur ; ils étaient admis dans les légions (1), avaient une augmentation de pension s'ils s'établissaient en France (2), bénéficiaient de certains avantages s'ils consacraient leur expérience et leurs armes au service de la liberté française (3).

Le Pouvoir exécutif était même autorisé à employer quatre officiers généraux étrangers (4), et l'on avait nommé des commissaires chargés de préparer une adresse aux étrangers pour les inviter à communiquer leurs vues sur l'administration (5).

Malheureusement, à côté de ces largesses, nous

ou encore les consuls et à leur défaut le préteur urbain. A une certaine époque, on employa pour cela des affiches publiques : « facto senatusconsulto, nous dit Tite-Live (2, 37, 8), ut urbem excederent Volsci, præcones dimittuntur qui omnes eos proficisci ante noctem juberent. » — Comp. Cic., *pro Sest.*, 12, 13, 29, 30 ; — Dionys., 8, 72. — V. Mommsen, *Le Droit public romain* (traduct. de M. Girard), t. I, p. 415, et la note 9 (p. 365, texte allem.), et t. II (texte allemand), p. 131, et la note 4 ; — Goddyn et Mahiels. *Op. cit.*, p. 82 ; — Heffter, par 62, — Willems. *Le Sénat et la Républ. rom.*, t. II, p. 268 ; — Bouché-Leclercq. *Manuel des institutions romaines*, p. 61.

(1) 27-29 avril 1792.

(2) 30 avril 16 mai 1792.

(3) 29 mai-6 juin, 3 et 29 août, 9 sept. 1792.

(4) 29 mai-6 juin 1792.

(5) 16 oct. 1791.

rencontrons bon nombre de décrets restreignant considérablement la liberté de ces mêmes étrangers. Ce sont des passeports qu'il faut montrer (1), des déclarations de résidence qu'on est obligé de faire (2); on séquestre même les biens des sujets des puissances avec lesquelles la France est en guerre (3), et on les met en état d'arrestation (4). Les femmes qui avaient épousé des Français (5), et les épouses des citoyens des États-Unis d'Amérique (6) étaient cependant laissées en liberté.

Un décret des 6 et 8 avril 1793 défend à tous les étrangers des pays avec lesquels la République est en guerre d'habiter Paris, les places fortes ou les villes maritimes. Une seule exception est faite en faveur des étrangers ouvriers. Un autre décret du 3e jour des sans-culottides an II (19 sept. 1794), ordonne aux étrangers domiciliés à Paris avant le 1er messidor de sortir de la ville. Le 23 messidor an III (11 juillet 1795), ordre est donné

(1) 28-29 juin 1791, 11 juillet 1795, art. 4, 24 déc. 1796, 1er janv. et 19 oct. 1797. V., dans le *Recueil général des lois* de Lepec, la note qui accompagne le par. 3 du n° 3 du titre Ier de la Constitution du 3-14 sept. 1791, qui résume toute la législation des passeports.

(2) 19 sept. 1791, 26 février 1793, 21 mars 1793, 25 février 1795.

(3) 9 mai 1793.

(4) 1er août et 6 sept. 1793, 9 et 12 oct. 1793. Ce décret permet d'arrêter tous les étrangers non domiciliés en France avant le 14 juillet 1789.

(5) 16 et 17 oct. 1793.

(6) 26 oct. 1793. Les ouvriers, artistes, médecins étaient aussi parfois exceptés, 9 sept. 1793, 3 nov. 1793.

aux étrangers nés dans les pays avec lesquels la France est en guerre de sortir du pays s'ils n'y sont domiciliés avant le 1er janvier 1792 : « Ils sortiront des communes où ils se trouvent, ajoute le décret de la Convention, dans les trois jours à partir de la publication de la présente loi. Il leur sera en outre accordé un jour à raison de sept lieues du point de leur départ jusqu'à la frontière. »

Les étrangers devaient indiquer aux municipalités et, à Paris, aux comités civils de section, la route qu'ils entendaient suivre, et s'ils s'écartaient du chemin tracé, ils étaient immédiatement arrêtés, de même que s'ils étaient trouvés sur le territoire de la République, passé les délais fixés par la loi. — Pouvaient rester en France : 1° les étrangers qui, comme nous l'avons dit, y étaient venus avant le 1er janvier 1792, pourvu toutefois qu'ils aient un domicile connu ou qu'ils soient garantis par quatre citoyens français « domiciliés et connus par leur patriotisme et leur probité » ; 2° ceux nés dans les pays amis et alliés de la France, qui étaient avoués par leurs ambassadeurs (1).

Déjà, le 24 vendémiaire an II (15 oct. 1793), une loi sur la mendicité ordonnait de reconduire à la frontière, aux frais de la nation, tout mendiant reconnu étranger (2).

(1) Consult. *Bull. des lois*, CLXII, n° 947 ; LVI, 176.
(2) Comp. lois du 10 vendém. an IV, 18 pluv. an IX, décret du

Sous le Directoire, dans une loi du 28 vendémiaire an VI, relative aux passeports (1), nous trouvons encore un article (art. 7) ainsi conçu : « Tous étrangers voyageant dans l'intérieur de la République ou y résidant sans y avoir une mission des puissances neutres et amies reconnues par le Gouvernement, ou sans y avoir acquis le titre de citoyen, sont mis sous la surveillance spéciale du Pouvoir exécutif qui pourra retirer leurs passeports, leur enjoindre de sortir du territoire français, s'il juge leur présence susceptible de troubler l'ordre et la tranquillité publics. »

Plus tard (2), dans un arrêté des consuls déterminant les fonctions du préfet de police de Paris, des conditions spéciales sont imposées aux étrangers qui désirent séjourner dans la capitale. L'article 5 du décret porte que « le préfet de police accordera la permission de séjour aux voyageurs qui voudraient résider à Paris plus de trois jours ». C'est ce texte, qui n'a jamais été abrogé, qu'a invoqué M. Piétri en 1870, à l'égard des Allemands.

Ce que nous devons surtout retenir de la période révolutionnaire, c'est que le droit d'expulsion à l'égard des étrangers est nettement établi, et confié au Pouvoir exécutif qui peut, si un étranger lui paraît

5 juillet 1808 et art. 272-274 C. pén. ; — *Bull. des lois*, XXXV, 224 ; XVI, 230.

(1) *Bull. des lois*, CLIV, 1502.

(2) 12 messidor an VIII (1er juillet 1800). *Bull. des lois*, XXXIII, n° 214.

suspect et dangereux, le faire sortir du territoire français.

Nous ne trouvons plus aucune loi spéciale concernant l'expulsion des étrangers jusqu'en 1810, époque à laquelle les rédacteurs du Code pénal vinrent compléter, dans l'article 272, le décret de vendémiaire an II dont nous avons déjà parlé : « Les individus déclarés vagabonds par jugement, dit ce texte, pourront, s'ils sont étrangers, être conduits par les ordres du Gouvernement hors du territoire de l'empire (1) ». Pour être expulsé, il n'est donc pas nécessaire de mendier, comme dans la loi de vendémiaire an II, il suffit d'être vagabond, c'est-à-dire de n'avoir ni domicile certain ni moyens d'existence, et de n'exercer habituellement ni métier ni profession (art. 270). Remarquons toutefois que l'article 6, titre II du décret de l'an II, reste encore applicable aux mendiants étrangers qui ont un domicile, sans préjudice des peines édictées par le Code pénal contre la mendicité (art. 274 et suiv.).

L'article 272 n'apportait aucune sanction spéciale à l'infraction de l'arrêté d'explusion; cependant les vagabonds étrangers, lorsqu'ils étaient expulsés,

(1) L'autorité judicaire ne peut pas ordonner dans son jugement que l'étranger vagabond sera reconduit à la frontière. Ce droit appartient au Gouvernement. (Cass., 9 sept. 1826, 6 déc. 1832, 15 juin 1837; — *Journ. le Droit*, 16 juin 1837; — Dalloz, v° *Vagabondage*, 81; — Circulaire du 25 juin 1827; — Paris, 1er mai 1874, *Journ. de Dr. int., pr.* 1875, p. 352.

devaient en outre être condamnés à la surveillance de la haute police, conformément à l'article 271 du Code pénal, « pendant cinq ans au moins et dix ans au plus (1). »

Si l'étranger ainsi condamné rentrait en France sans autorisation, avant que la peine de la surveillance fût expirée, *il pouvait*, comme nous le verrons plus tard, se trouver dans l'état de rupture de ban et tomber sous l'application de l'article 45 du Code pénal.

En 1832, il y eut en France une grande affluence d'étrangers et notamment de réfugiés polonais. Aussi, un projet de loi fut-il proposé aux Chambres le 29 mars 1832 (2) et, après un rapport de M. Parant, qui fut lu dans la séance du 7 avril, le Gouvernement fut-il autorisé à réunir dans une ou plusieurs villes par lui désignées les étrangers réfugiés résidant en France. Il pouvait également les astreindre à gagner immédiatement la ville indiquée et les faire sortir du royaume s'ils ne se rendaient pas à cette destination, ou si leur présence était jugée susceptible de troubler l'ordre ou la tranquillité publics. « La présente loi, ajoute l'article 3, ne pourra être appliquée aux étrangers réfugiés qu'en vertu d'un ordre signé par un

(1) Chauveau et Hélie, *Théorie du Code pénal* (5e éd.), p. 304.

(2) Cette loi fut adoptée le 9 avril par 166 voix contre 99 à la Chambre des Députés ; elle fut présentée le 16 avril et adoptée, le 19 du même mois, à la Chambre des pairs, par 74 voix contre 7.

ministre. Enfin l'article 4 porte : « Cette loi ne sera en vigueur que pendant une année à compter du jour de sa promulgation (1). »

Il est à remarquer que cette loi ne vise absolument que les *réfugiés*. Les autres étrangers restent donc soumis à la loi du 28 vendémiaire au VI. M. de Broglie le fit au reste oberver dans son raport à la Chambre des pairs, le 16 avril 1832. Il faut entendre par réfugié « l'étranger qui, sans passeport, sans relation avec aucune espèce d'ambassadeur, se trouve évidemment dans l'état que chacun appelle état de réfugié ». Telle est l'explication de ce mot que donna à la Chambre des députés M. le garde des sceaux sur la demande de M. Laurence. Nous préférons la définition plus claire de M. Charles Dupin : « On appelle réfugiés tous ceux qui résident en France sans la protection de leur Gouvernement. » Cette loi était complètement déprourvue de sanction en ce sens qu'aucune peine ne frappait le réfugié qui, une fois expulsé, jugeait bon de venir en France ; il fallait l'expulser de nouveau, sans pouvoir d'aucune façon sévir contre lui.

La loi de 1832 n'avait été votée que pour un an. Aussi, une nouvelle loi des 16-18 avril 1832 (2) vint-

(1) Loi des 21-26 avril 1832. *Bull. des lois*, LXXV, n° 165.

(2) Loi des 16-18 avril 1843, art. unique : « La loi du 21 avril 1832 relative aux réfugiés étrangers est prorogée jusqu'au 24 avril 1834. »

elle proroger les anciennes dispositions jusqu'au 24 avril 1834.

Enfin, une loi du 1er - 9 mai 1834 (1) contenait un premier article conçu en ces termes : « La loi du 21 avril 1832, relative aux réfugiés étrangers, est prorogée jusqu'à la fin de la session de 1836. »

Un second article venait de plus réparer l'omission des législateurs de la loi de 1832 en punissant d'un emprisonnement de un à six mois tout réfugié étranger qui n'aurait pas obéi à l'arrêté d'expulsion ou qui, ayant été expulsé, serait rentré sans autorisation. Cette peine était appliquée au premier cas par le tribunal de police correctionnelle du lieu où le réfugié avait sa résidence; dans le second, par celui du lieu où le réfugié avait été arrêté.

Le 24 juillet 1839, une loi (2) analogue aux précédentes apporta cependant quelques modifications en déclarant dans son article 2 que « les étrangers réfugiés qui auront demeuré en France ou servi sous

(1) *Bull.*, CXIX, n° 266. Cette loi fut présentée le 18 février à la Chambre des députés et adoptée, le 2 avril, par 194 voix contre 103. La Chambre des pairs l'adoptait à son tour le 19 avril par 88 voix contre 5. — V. le rapport de M. Gaillard de Kerbertin à la Chambre des députés, le 4 mars, et celui de M. Besson à la Chambre des pairs, le 11 avril.

(2) Loi des 24-27 juillet 1839 (*Bull.*, DCLXII, n° 8038) présentée à la Chambre des députés le 8 juin, adoptée le 19, par 228 voix contre 12, présentée à la Chambre des pairs le 24 juin, adoptée, le 18 du même mois, par 92 voix contre 4. — V. le rapport de M. le comte d'Harcourt, le 8 juillet.

les drapeaux pendant cinq années et qui n'auront subi aucune condamnation criminelle ou correctionnelle pourront, en donnant avis préalable de leur déplacement, changer de résidence sans l'autorisation du Gouvernement ».

Cette autorisation continuait cependant à leur être nécessaire pour résider dans le département de la Seine et dans un rayon de seize myriamètres de la frontière des Pyrénées (art. 2, *in fine*).

Le premier article de cette même loi prorogeait jusqu'à la fin de 1840 les lois de 1832 et de 1834.

C'est seulement au lendemain de la révolution de 1848 que l'on prit de nouvelles mesures de précaution contre les étrangers. Il fallait surtout établir une sanction au droit d'expulsion, car la peine de l'emprisonnement édictée par l'article 2 de la loi de 1834 n'était applicable qu'aux étrangers « réfugiés ». — MM. de Vatimesnil et Lefebvre-Duruflé présentèrent, le 8 novembre, à la Chambre des députés, une loi relative à la naturalisation, qui s'occupait en même temps de l'expulsion des étrangers. — La première délibération eut lieu dans la séance du 13 novembre 1849. Le même jour, on votait en deuxième délibération une loi prorogeant pendant trois années à dater du 1er janvier 1850 les lois de 1832 et de 1839 relatives aux réfugiés (1).

(1) Cette loi fut définitivement adoptée le 20 nov. 1849

Il restait donc à régler la situation des étrangers non réfugiés ; ce fut l'œuvre que se proposèrent les rédacteurs de la loi du 3 décembre 1849 (1).

« Il n'est que trop prouvé aujourd'hui, disait le rapporteur, M. de Montigny, que les complots qui menacent, non plus seulement l'ordre gouvernemental mais l'ordre social tout entier, sont ourdis par une vaste association d'agitateurs qui, ayant abdiqué l'idée de patrie, se transportent partout où se présente la possibilité d'un bouleversement et qui, aussitôt après la ruine de leurs criminelles entreprises, vont reformer leur rang sur le territoire le plus voisin.

« La Société ne reprendra sa sécurité que lorsque toutes les nations de l'Europe interdiront l'abus de l'hospitalité à ces agitateurs errants, et c'est au Gouvernement qu'il appartient de les discerner des vrais défenseurs de la liberté et de la nationalité des peuples, au milieu desquels ils se trouvent trop souvent confondus (2). »

C'est pour ces motifs que la Commission proposa l'article 5 devenu l'article 7 de la loi et en vertu duquel « le ministre pouvait, par mesure de police, enjoindre à tout étranger voyageant ou résidant en

(1) Les articles de cette loi qui s'occupent de la naturalisation ont été abrogés ou modifiés par la loi sur la naturalisation, des 29 juin et 5 juillet 1867.

(2) Rapport de M. de Montigny. *Moniteur*, 3me supplément au n° 319 du 15 nov. 1849, p. 3680.

France de sortir immédiatement du territoire français et le faire conduire à la frontière ». « Il aura le même droit, ajoute le texte, à l'égard de l'étranger qui aura obtenu l'autorisation d'établir son domicile en France, mais seulement après que cette autorisation aura été révoquée. »

Il était une autre considération que le législateur ne devait pas négliger et que M. le rapporteur sut également lui rappeler : « C'est surtout dans nos départements frontières, disait M. de Montigny dans son rapport, que se font sentir dans tout leur poids, au plus fort de la misère publique, ces invasions d'hommes souvent sans aveu et toujours sans ressources, qui paralysent les efforts faits avec le plus de zèle pour l'extinction de la mendicité. La répression judiciaire de la mendicité et du vagabondage est trop lente dans ses effets et trop restreinte dans son application pour remédier efficacement à un aussi grand mal qui, d'après l'état actuel des choses, ne pourrait être arrêté que par une application discrétionnaire des lois de police confiées aux agents de la force publique. »

Afin d'obvier à ces inconvénients, la Commission proposa d'ajouter à l'article 5 un second paragraphe ainsi conçu : « Dans les départements frontières, le préfet aura le même droit à l'égard de l'étranger non résidant, à la charge d'en référer immédiatement au ministre de l'Intérieur. » On voulait aussi que le droit d'expulsion puisse être exercé à l'égard des étrangers qui franchissent la frontière avant que les délais d'une autorisation ministérielle leur ait donné le temps de pénétrer dans l'intérieur du pays.

La fin du premier paragraphe de l'article 5 du projet fut modifiée dans la suite, après une observation de M. Rouher. Le ministre de la Justice fit en effet remarquer que si l'article 5 donnait au Gouvernement une faculté qui lui était déjà conférée par les lois antérieures de l'an VI et de 1834, elle la lui donnait en termes bien plus généraux. Un agitateur politique étranger peut, par exemple, méditer un complot qui doit subitement éclater dans une province éloignée. Le ministre de l'Intérieur en est averti à temps. Immédiatement il va prendre une mesure de haute police et ordonner l'expulsion du perturbateur. Dans de pareilles conditions, l'avantage du droit dont dispose le ministre se trouve tout entier dans sa prompte exécution. Cependant, l'article 5 nous dit que le droit d'expulsion à l'égard de l'étranger qui aura obtenu l'autorisation d'établir son domicile en France n'existe qu'après que cette autorisation aura été révoquée. Or, cette révocation ne pourrait être faite qu'après l'accomplissement des mêmes formalités que celles exigées pour l'autorisation dans l'article 3 (1), c'est-à-dire que le mi-

(1) L'article 3 est ainsi conçu : « Tant que la naturalisation

nistre de l'Intérieur serait obligé de prendre préalablement l'avis du Conseil d'État. Il arrivera donc le plus souvent, dans les circonstances urgentes, que l'obligation de prendre cet avis préalable empêchera absolument le ministre d'agir à temps et à propos.

C'est pour ce motif que M. Rouher demanda à l'Assemblée de ne pas adopter ces mots : « mais seulement après que l'autorisation aura été révoquée (1). »

La Commission, par l'organe de son rapporteur M. de Montigny (2), proposa, pour concilier ce que réclament les nécessités gouvernementales et l'intérêt de l'étranger, de décider que le ministre aura le droit d'expulser provisoirement l'étranger même domicilié, mais que l'effet de cette mesure cessera après un délai de deux mois, si la révocation de l'autorisation n'a pas été prononcée dans la forme de l'article 3 (3).

Cette modification fut adoptée par l'Assemblée qui

n'aura pas été prononcée, l'autorisation accordée à l'étranger d'établir son domicile en France pourra être révoquée sur avis du Conseil d'État.

(1) Séance du 21 nov. 1849.

(2) Séance du 22 nov. 1849.

(3) Art. 7 de la loi. Cet article s'applique à tous les étrangers, même aux ambassadeurs. — Calvo. *Le Droit intern. théorique et pratique*, I, p. 578 et 579, p. 591 et suiv. — Cet auteur cite des cas d'expulsion d'ambassadeurs ou de ministres étrangers. — De Vattel. *Op. cit.*, II, p. 373 et suiv. — Wicquefort. *Ambassad.*, liv. I, sect. XXVII-XXIX et XXXIII.

établit ensuite comme sanction celle qui se trouvait déjà dans la loi de 1834 à l'égard des réfugiés politiques. L'article 8 s'exprime en effet en ces termes : « Tout étranger qui se serait soustrait à l'exécution des mesures énoncées dans l'article précédent ou dans l'article 272 du Code pénal, ou qui, après être sorti de France par suite de ces mesures, y serait rentré sans la permission du Gouvernement, sera traduit devant les tribunaux et condamné à un emprisonnement de un à six mois. Après l'expiration de la peine, il sera reconduit à la frontière. »

L'étranger qui aura enfreint plusieurs fois l'arrêté d'expulsion ne pourra jamais être condamné à plus de six mois de prison, car la peine établie par l'article 8 étant une peine correctionnelle, inférieure à un an d'emprisonnement, ne pourra pas servir de base à l'état de récidive prévu par les articles 57 et 58 du Code pénal (1).

Avant la loi du 27 mai 1885, qui a supprimé la surveillance de la haute police, cette peine devait être prononcée, comme nous l'avons vu, contre les vagabonds étrangers condamnés en vertu de l'article 272 du Code pénal, mais elle pouvait aussi être prononcée contre l'étranger expulsé en état de récidive. Il n'y avait en effet aucune incompatibilité entre la surveillance et l'état d'étranger expulsé. L'expulsion

(1) Garraud. *Droit criminel*, p. 336.

ordonnée par le Gouvernement n'est pas un état définitif; l'arrêté peut être rapporté et la surveillance de la haute police produira alors son effet (1).

L'article 45 du Code pénal, qui punit d'un emprisonnement ne pouvant excéder cinq années celui qui aura désobéi aux dispositions prescrites par l'article 44 aux condamnés à la surveillance de la haute police, n'est pas applicable, depuis la loi de 1849, à l'étranger condamné comme vagabond et expulsé, qui rentre en France sans autorisation.

La jurisprudence décide que, dans ce cas, l'étranger se rend coupable uniquement de l'infraction spéciale punie par l'article 8 de la loi de 1849, la peine édictée par cet article ayant remplacé celle portée par l'article 45 (C. pén.) qui antérieurement était la sanction pénale de l'article 272 du même Code (2).

D'ailleurs, d'une façon générale, la rentrée en France d'un étranger expulsé et condamné à la surveillance de la haute police ne saurait constituer le délit de rupture de ban prévu et puni par les articles 44 et 48 (C. pén.). A ne consulter que l'esprit de

(1) Cass., 8 janv. 1885. — *Journal du Droit int. privé*, 1885, p. 672.

(2) Cass., 27 mars 1852. Sir., 1852, 1, 590. — Douai, 25 janv. 1853. Dall., 1857, 2, 67. — Trib. d'Hazebrouck, 3 fév. 1859. Dall., 1859, 3, 22.—Douai, 5-12 et 13 janv. 1862.—Colmar, 17 nov. 1862. Sir., 1863, 2, 105. — Amiens, 24 mars 1876. Sir., 1876, 2, 152.

Contra : Dutruc. *Mémor. du minist. publ.* — *V.* Surveillance de la haute police, n° 5.

la loi, il semble cependant que ce qu'a voulu le législateur, c'est accorder, en effet, au Gouvernement le droit d'interdire au condamné le séjour de tous les lieux autres que celui déterminé pour sa résidence. Or, quand on expulse un étranger, n'est-ce pas lui interdire le séjour de toute la France ?

Malgré ces raisons, la jurisprudence a consacré l'opinion contraire qui peut s'appuyer sur un argument de texte dont il est impossible de méconnaître la force, surtout lorsqu'il s'agit de l'application d'une loi pénale.

L'article 44 du Code pénal confère au Gouvernement le droit de déterminer le lieu dans lequel le condamné devra résider (1). C'est là une simple faculté dont le Gouvernement peut user ou ne pas user. Si, en vertu du pouvoir qui lui appartient, il a fixé au condamné une résidence, cette résidence est obligatoire (2), et le condamné ne peut la quitter sans se mettre en état de rupture de ban. Mais si le Gouvernement néglige d'indiquer au condamné libéré une résidence, celui-ci peut aller où il lui plait (3). Il n'y

(1) L'article 44 du Code pénal a été très souvent modifié depuis 1810. — *Voir* la loi du 28 avril 1832, le décret du 8 déc. 1851 (art. 3, 4, 5, 6), le décret du 24 oct. 1870. — Loi du 23 janv. 1874. — Décret du 30 août 1875 et Circul. min. du 5 nov. 1875.

(2) Cette résidence est obligatoire pour six mois dans la loi de 1874.

(3) L'article 4 du décret du 8 déc. 1851 exceptait cependant Paris et sa banlieue.

a aucune distinction à faire à ce sujet entre les étrangers et les Français.

Si donc il n'a été pris contre l'étranger condamné aucune mesure de surveillance par application de l'article 44 (C. pén.), si l'on n'a déterminé aucun lieu précis de résidence sur le territoire français, il est impossible de dire que l'étranger expulsé qui rentre sur notre territoire a désobéi aux dispositions prescrites par cet article, et dès lors les peines de l'article 45 ne sauraient lui être appliquées.

Le Gouvernement, procédant contre un étranger placé, par suite d'une condamnation judiciaire, sous la surveillance de la haute police, pouvait le considérer comme condamné et prendre à son égard les mesures autorisées par l'article 44 (C. pén.), ou bien n'avoir égard qu'à sa qualité d'étranger et l'expulser en vertu de la loi de 1849. S'il a préféré ce dernier mode, l'infraction à l'arrêté d'expulsion ne peut constituer que le délit spécial de l'article 8 de la loi de 1849. Cet article punit précisément le retour en France de l'expulsé, mais le délit plus grave de rupture de ban n'existe pas parce qu'il manque d'une de ses conditions élémentaires, parce qu'il n'y a pas eu une mesure administrative préalable prise au point de vue de la surveillance, en exécution de la loi pénale ordinaire (1).

(1) Amiens, arrêt cité. S., 1876, 2,152. — *Comp.* Colmar, 17 nov.

Si au contraire, avant l'expulsion, l'étranger condamné à la surveillance de la haute police s'était vu déterminer par le Gouvernement un lieu de résidence, sa rentrée en France constituerait à la fois le délit de rupture de ban tombant sous l'application de l'article 45 du Code pénal et l'infraction punie par l'article 8 de la loi de 1849. Dans ce cas, conformément à l'article 365 du Code d'instruction criminelle, c'est l'article 45, prescrivant la peine la plus forte, qui serait applicable.

Jusqu'ici, nous nous sommes placé sous le régime de la législation antérieure à la loi du 27 mai 1885.

A partir de la promulgation de cette loi, la surveillance de la haute police est supprimée et remplacée par l'interdiction de séjour, c'est-à-dire « par la défense faite au condamné de paraître dans les lieux dont l'interdiction lui sera signifiée par le Gouvernement avant sa libération (1) ».

La question que nous venons de nous poser à propos de l'article 45 (C. pén.) reste la même sous l'empire de la nouvelle législation. Pour que l'étranger expulsé soit punissable à la fois en vertu de cet article 45 et de l'article 8 de la loi de 1849, il sera nécessaire que le Gouvernement lui ait notifié avant son expulsion les lieux où il lui

1862, et Douai, 5 et 12 janv. 1863 (Sir., 1863 2, 105). — *V.* la note.

(1) Loi du 27 mai 1885, art. 19.

était défendu de séjourner. L'article 365 du Code d'instruction criminelle reste toujours applicable à cette hypothèse (art. 19 de la loi de 1885).

De même encore il n'y a aucune incompatibilité entre l'interdiction de séjour et l'expulsion. Les raisons sont les mêmes que celles que nous avons déjà données au sujet de la surveillance de la haute police.

La loi du 27 mai 1885 établit en plus la rélégation qui doit être prononcée contre les étrangers dans les même cas que contre les nationaux (1). Il n'y a pas à s'arrêter à la circonstance que l'étranger aurait été l'objet d'un arrêté d'expulsion.

La relégation peut être prononcée même dans le cas où le prévenu étranger serait traduit devant le tribunal pour infraction à l'arrêté d'expulsion. La loi de 1885 est venue modifier sur ce point l'article 8 de la loi de 1849, qui veut qu'à l'expiration de sa peine l'étranger soit reconduit à la frontière (2).

(1) Consult. *Journal officiel* du 8 mai 1885, ainsi que les débats parlem. L'article 1 de la loi nous dit que la rélégation consistera « dans l'internement perpétuel sur le territoire de colonies ou possession françaises des condamnés que la présente loi a pour objet d'éloigner de France ». Les conditions de la rélégation sont réglées par l'article 4.

(2) Cass., 5 mars 1886; Dall., 1886, 1, 138. — Limoges, 11 février 1886; Dall., 1886, 2,49. — Trib. de comm. Seine, 8 février 1886; *Journ. de Droit int.*, 1886, p. 204. — Nancy, 11 septembre 1886; *Gazette du Pal.*, 22 oct. 1886. — Desjardins, *Application de la loi du 25 mai 1885*; Journal *le Droit*, du 14 juillet 1886. — Sarrut, note dans Dalloz, 1886, 2,49.

Un dernier article de la loi de 1849 (art. 7 du projet 9 de la loi) porte que « les peines prononcées contre la présente loi pourront être réduites conformément aux dispositions de l'article 463 du Code pénal », c'est-à-dire qu'en pareille matière on pourra admettre des circonstances atténuantes.

Ce sont encore ces mêmes articles qui nous régissent aujourd'hui avec le décret du 24 vendémiaire an II, relatif à la mendicité, l'article 272 du Code pénal, ayant trait au vagabondage, et l'arrêté consulaire du 12 messidor an VIII (1).

L'article 7 de la loi de vendémiaire accordait le droit d'expulsion au Pouvoir exécutif sans spécifier. La loi de 1849 le donne au ministre de l'Intérieur. Il n'y a pas à ce point de vue une différence bien grande entre les deux législations. L'expulsion reste toujours un droit gouvernemental.

(1) La loi du 14 mars 1872, qui établit des peines contre les affiliés à l'association internationale des travailleurs, porte dans son article 3 que « les Français ou les étrangers pourront être renvoyés par les tribunaux correctionnels (à partir de l'expiration de la peine) sous la surveillance de la haute police, pour cinq ans au moins et dix ans au plus ». « *Tout Français*, ajoute le texte, auquel aura été fait application du paragraphe précédent restera pendant le même temps soumis aux mesures de police applicables aux étrangers, conformément aux articles 7 et 8 de la loi du 3 déc. 1849. »

De même l'article 2 de la loi du 22 juin 1886 autorise le Gouvernement à interdire le territoire de la République aux autres membres des familles princières ayant régné en France. L'interdiction est prononcée par un décret du président de la République rendu en Conseil des ministres.

V. sur l'espionnage la loi du 18 avril 1886, art. 5.

Mais une question plus grave est celle de savoir si, une fois que le ministre de l'Intérieur aura pris un arrêté d'expulsion contre un étranger, il n'y aura pour cet individu aucun moyen de recourir contre cette décision devant les tribunaux judiciaires ou administratifs.

Certains auteurs (1), considérant l'expulsion comme une sorte de bannissement et par conséquent comme une peine, trouvent tout naturel que l'on puisse former un recours devant les tribunaux judiciaires, souverains appréciateurs en pareille matière. Mais, comme nous l'avons déjà dit, l'expulsion n'est pas une peine, et bien que les bannis soient astreints comme les expulsés à sortir du territoire, il ne faut pas pourtant confondre ces deux institutions.

L'expulsion est une mesure préventive, et lorsqu'on s'en sert, le crime n'est pas encore commis, puisque c'est précisément pour l'éviter qu'on emploie cette mesure de haute police. Il suffit que la sûreté publique soit compromise et menacée pour que, sans débat contradictoire, on conduise l'étranger à la frontière. Au contraire, on ne bannit un individu que lorsqu'il est légalement convaincu du crime qu'on lui reproche, comme par exemple dans l'article 115 du Code pénal, qui prévoit le cas où un ministre aura attenté à la liberté individuelle ou ordonné ou fait

(1) Haus, *loc. cit.*

quelqu'acte arbitraire (V. art. 114-115 C. pén.). Au reste, il est impossible de porter devant un tribunal des débats concernant *les motifs* de l'expulsion d'un étranger. Les causes qui ont déterminé le ministre à expulser ne doivent en aucune façon être appréciées par un tribunal. C'est, comme nous l'avons déjà dit, une question de séparation de pouvoir. D'ailleurs, le ministère public, pas plus que les avocats ni les juges, ne sont à même de discuter et de juger un acte de haute police et de haute administration. Ils n'ont pas les éléments nécessaires de cette appréciation ; les renseignements de la sûreté générale et la connaissance précise de la politique du Gouvernement leur font défaut. Tout cela leur manque et on ne peut le leur donner, parce que l'on ne peut révéler à l'audience les rapports confidentiels des préfets ni mettre à jour certains périls intérieurs ou extérieurs; et puis, si la mesure à prendre est urgente, ce qui sera souvent le cas, les lenteurs d'une procédure judiciaire feraient complètement manquer le but qu'on se propose d'atteindre et rendraient l'expulsion inutile (1).

(1) Cette question a été soulevée pendant la session de 1864-1865 à la Chambre des représentants de Belgique. Or, il fut reconnu qu'on ne pouvait pas constituer les tribunaux juges des questions de sécurité publique, parce qu'on les ferait ainsi participer à la direction politique des affaires, qu'il ne fallait pas d'ailleurs déplacer la responsabilité du Gouvernement et que celui-ci devait être, à l'exclusion du pouvoir judiciaire, responsable de l'ordre intérieur et des bonnes relations internationales.

Si les tribunaux judiciaires ne peuvent en aucune façon apprécier les *motifs* de l'expulsion, ils peuvent cependant être appelés à juger de la *légalité* ou de l'*illégalité* d'un arrêté d'expulsion.

La question s'est présentée plusieurs fois au sujet de la nationalité de l'individu frappé d'un semblable arrêté, et notamment à l'égard d'un nommé Gillebert qui, en vertu d'un arrêté du 15 juillet 1880, avait été conduit à la frontière belge, bien qu'il invoquât la qualité de Français. Cet individu était né en France d'un père né lui-même en Belgique en 1799, alors que la Belgique était française, et il prétendait bénéficier de la loi du 7 février 1851. Il avait épousé une Française et avait tous ses intérêts en France, où il habitait au reste depuis sa naissance. Il avait même servi dans la garde nationale et avait été inscrit sur les listes électorales. L'expulsé prétendait en outre que la mesure prise contre lui était le résultat de renseignements erronés et sans valeur qu'avaient donnés sur son compte certains industriels qui désiraient être débarrassés de sa concurrence.

Cette expulsion fut l'objet d'une question adressée à la Chambre des représentants par M. Demeur, au ministre des Affaires étrangères, M. Frère-Orban (1). Celui-ci demanda des renseignements sur

(1) La question fut posée le 3 mars 1882.

cette affaire au Gouvernement français qui lui communiqua les motifs de l'expulsion (1).

M. Frère-Orban conseilla alors à Gillebert de résister à l'arrêté d'expulsion, afin de pouvoir faire ainsi juger la question de sa nationalité. L'expulsé suivit ce conseil et se fit arrêter pour avoir violé la décision ministérielle (art. 8, loi de 1849). Le tribunal décida que le prévenu n'était pas Français (2), parce que les provinces belges autrefois annexées sont réputées, par une sorte de *postliminium*, n'avoir jamais été françaises, et le condamna à un jour de prison. Gillebert interjeta appel de ce jugement, attendu, disait-il, que le tribunal correctionnel n'était pas compétent pour juger la question d'état et la question de légalité de l'arrêté d'expulsion pris contre lui. La Cour de Paris, dans un arrêt du 11 juin 1883 (3), décida, conformément à une jurisprudence constante, que dans le cas de poursuite à fin pénale pour infraction à une décision administrative, tout tribunal est juge de la légalité de la mesure qu'il est appelé à sanctionner. De plus, c'est la juridiction répressive

(1) *V.* le rapport qui fut alors adressé au ministre de l'Intérieur par le préfet de la Manche.

(2) Comme l'article 8 de la loi du 3 déc. 1849 n'édicte de peine que contre un étranger ayant enfreint un arrêté d'expulsion, si le prévenu dénie sa qualité d'étranger devant le tribunal, cette qualité étant un élément essentiel du délit, c'est au ministère public à en faire la preuve. — *Comp.* Rouen, 22 fev. 1884; Journal *le Droit*, 3 mars 1884.

(3) Sir., 1883, 2, 177.

qui doit aussi trancher la question de nationalité, en vertu du principe que le juge de l'action est le juge de l'exception, à moins que la loi ne dise le contraire, comme dans l'article 182 du Code forestier (1).

La Cour confirma donc en tout point le jugement du tribunal correctionnel ; mais cet arrêt fut cassé par la Chambre criminelle de la Cour de cassation, le 7 décembre 1883, qui, sans détruire les principes contenus dans l'arrêt de la Cour d'appel en matière de compétence, déclara simplement que l'arrêté était illégal pour avoir frappé un Français. La Cour de cassation admit en effet, contrairement aux deux autres juridictions, que l'individu né en France d'un père qui était lui-même né dans les provinces incorporées à la France et démembrées après 1814 est Français, s'il ne réclame pas la qualité d'étranger d'après les formes présentées par l'article 1er de la loi du 7 février 1851 (2). La décision de la Cour d'appel quant à la compétence des tribunaux en cette matière est, croyons-nous, fort exacte ; seulement il

(1) Cet article prévoit le cas où la question préjudicielle porte sur la réclamation d'un droit réel immobilier.

Paris, 11 juin 1883 ; — Rouen, 22 fév. 1884 ; Journ. *le Droit*, 3 mars 1884 ; — Bertauld, *Questions et exceptions préjudicielles*, n° 77 ; — Hoffmann, *Traité des questions préjud.*, I, n. 207. — *Comp.* Trib. comm. Seine, 29 déc. 1883, et Paris, 6 fév. 1884 ; Dall. 1885, 2, 41 ; — *Journal de Droit intern. privé*, 1884, p. 500.

(2) Cass., 7 déc. 1883 ; Sir., 1885, 1,89 ; Dall., 1884, 1,209 ; — Rouen, 22 fév. 1884 ; — Conférence des avocats de Paris, 25 avril 1884. — *Comp.* Paris, 6 fév. 1884.

est regrettable que l'individu contre lequel est pris un arrêté d'expulsion et qui prétend être Français n'ait pas d'autre moyen à sa disposition que de se faire arrêter pour pouvoir poser la question de légalité de son expulsion devant le tribunal correctionnel (1).

Les tribunaux correctionnels pourront encore, dans d'autres cas, avoir à apprécier la légalité de l'expulsion prise à l'encontre d'un étranger. Il peut en effet arriver que l'arrêté frappe un enfant mineur né en France de parents étrangers. Cet enfant, d'après l'article 9 du Code civil, pourra, dans l'année qui suivra l'époque de sa majorité, réclamer la qualité de Français « pourvu que, dans le cas où il résiderait en France, il déclare que son intention est d'y fixer son domicile et que, dans le cas où il résiderait en pays étranger, il fasse sa soumission de fixer en France son domicile et qu'il l'y établisse dans l'année à partir de l'acte de soumission. » Merlin, en parlant de ce mineur, disait que c'était « un Français commencé ». En résultera-t-il qu'il sera impossible de l'expulser? Nous ne le croyons pas. L'enfant né en France de parents étrangers est lui-même étranger

(1) V. *Revue critique de législ. et de jurispr.*, 1884, p. 711, où se trouve un article de M. Renault. — *Journal de Dr. int. privé*, 1883, p. 349. — Cogordan : *La Nationalité*, p. 395. — Paris, 11 juin 1883; Sir., 1883, 2, 177 ; Dall., 1884, 1,210. — Cons. d'Etat, 14 mars 1884 ; Sir., 1886, 3, 2. — *Comp.* Cass., 7 janv. 1882, Sir., 1883, 1,143, et 30 juin 1882, Sir., 1883, 1, 144.

tant qu'il n'a pas manifesté la volonté de devenir Français, sous les conditions prévues par l'article 9. *Pendente conditione*, il ne saurait invoquer les prérogatives accordées aux nationaux et par conséquent la non-application de la loi de 1849. C'est en ce sens que s'est prononcé le tribunal correctionnel de la Seine, dans un jugement du 27 décembre 1883, jugement qui a été confirmé par un arrêt de la Cour de Paris du 6 février 1884 (1). Il fut même déclaré que ce mineur, réclamât-il plus tard la qualité de Français, n'en aurait pas moins été valablement expulsé, son option ne pouvant avoir aucun effet rétroactif quant aux faits antérieurs régulièrement accomplis.

Dans l'affaire qui fut soumise à la Cour, le prévenu soutenait encore qu'étant mineur il ne pouvait faire l'objet d'un arrêté d'expulsion pris individuellement contre lui, alors que son père résidait encore en France. La Cour rejeta avec raison cette prétention; car il n'y a pas ici de question de domicile en jeu, il s'agit simplement d'une mesure de haute police qui peut être nécessaire contre un mineur personnellement. Au reste, la loi de 1849 ne fait aucune distinction; ses termes sont généraux et absolus et permettent l'expulsion de tout étranger, quel qu'il soit, mineur ou majeur (2).

(1) Dalloz, 1885, 2, 44.

(2) Affaire Frischknecht. —Dall. 1885, 2, 44. — *Revue critique de*

Une autre question peut encore se présenter devant les tribunaux correctionnels. Supposons qu'une femme de nationalité étrangère soit expulsée du territoire français. Au bout de quelque temps, elle revient en France et y épouse un Français; son mariage lui donnant la qualité de Française (art. 12 Code civ.), quelle sera sa situation par rapport à l'expulsion? En rentrant de nouveau sur notre territoire, cette femme a enfreint l'arrêté d'expulsion qui la frappait; les peines de l'article 8 de la loi de 1849 lui étaient donc applicables; mais d'un autre côté elle est devenue Française, et la loi de 1849 ne s'applique qu'aux étrangers. En pareille circonstance, nous croyons que la jurisprudence ne manquerait pas d'appliquer la maxime « *fraus omnia corrumpit* », en prétendant que cette femme ne s'est mariée que pour éviter l'expulsion et qu'elle a ainsi voulu frauder la loi. Le mariage n'empêcherait donc pas une

lég. et de jurisp. 1885, p. 586. — Trib. Mostaganem, 23 juillet 1886. — Alger, 2 déc. 1886. — *Revue algérienne.* 1886, p. 449. — Le mineur né en France de parents étrangers qui, eux-mêmes, y sont nés ne saurait être expulsé tant qu'il n'a pas réclamé la qualité d'étranger (Loi du 7 fév. 1851). Ce mineur est en effet considéré comme Français jusqu'à son option.

M. Talandier, député de la Seine, a déposé le 6 nov. 1883, sur le bureau de la Chambre des députés, une proposition de loi tendant à assimiler au point de vue du droit d'expulsion les individus nés d'un étranger sur le sol français aux Français d'origine. (*Journal officiel.* Doc parlem., 1884, p. 1074. — V. également le rapport de M. Feau, du 12 janvier 1884, demandant à ce que ce projet ne soit pas pris en considération. (*Journal officiel.* Doc. parlem., 1884, p. 10.)

nouvelle expulsion. On pourrait cependant soutenir que si cette femme doit être punie d'un emprisonnement pour être rentrée en France contrairement à l'arrêté, elle ne pourra pas, à l'expiration de sa peine, être reconduite à la frontière à cause de sa qualité de Française (1). Le changement de nationalité n'aurait pas ainsi un effet rétroactif; mais on en tiendrait compte pour l'avenir.

Il pourrait arriver que cette étrangère une fois expulsée épousât un Français à l'étranger. En ce cas, si elle rentrait en France, elle n'y reviendrait pas comme étrangère et l'article 8 de la loi de 1849 ne lui serait point applicable. Cependant, si les circonstances démontraient clairement que cette femme est rentrée en France pour troubler l'ordre public et que son mariage n'a été opéré que dans le seul but de se soustraire à l'application de la loi de 1849, nous croyons qu'il serait possible d'appliquer la maxime que nous venons de citer « *fraus omnia corrumpit* », et de reconduire cette personne à la frontière après l'avoir condamnée, en vertu de l'article 8 de la loi de 1849.

Les tribunaux correctionnels peuvent donc être appelés, dans certains cas, à se prononcer sur la légalité ou l'illégalité d'un arrêté d'expulsion, sans jamais toutefois en apprécier les motifs. En est-il de

(1) *Comp.* Garraud, *op. cit.*, p. 159 et 160.

même des tribunaux civils, et peut-on trouver certaines hypothèses dans lesquelles un recours sera possible pour l'expulsé devant cette juridiction ?

Dans un seul cas, croyons-nous, les tribunaux civils pourront être compétents, c'est lors qu'il s'agira d'appliquer les articles 114 et 115 du Code pénal, dont nous avons déjà eu à nous occuper (1). Il résulte en effet de ces articles que l'acte arbitraire fait encourir une responsabilité à son auteur, sans distinguer s'il a été accompli ou non de bonne foi et pour sauver la Société, et alors même qu'il aurait été qualifié acte gouvernemental, sans distinguer non plus s'il émane d'une personne privée s'attribuant un pouvoir qu'elle n'a pas ou d'un fonctionnaire excédant le pouvoir dont il est investi. L'article 117 (C. pén.) nous dit que les dommages-intérêts qui pourraient être prononcés à raison des attentats exprimés dans l'article 114 seront demandés, soit sur la poursuite criminelle, soit *par la voie civile*. M. Levavasseur de Précourt admet cette action en responsabilité et en dommages-intérêts dans le cas où l'expulsion aura été opérée en vertu d'un arrêté illégal (2). Il faut donc supposer ou bien que c'est un national qu'on a expulsé, ou bien que l'arrêté a été

(1) Chauveau et Hélie. *Théorie du Code pénal*, t. II, p. 203 et suiv. — Rolland de Villargues. *Les Codes criminels*, t. Ier, p. 625.

(2) Conclusions dans l'aff. Morphy. — Cons. d'Etat, 14 mars 1884 ; Sir., 1886, 3, 2 ; Dall., 1885, 3, 9.

pris par un préfet dans un département non frontière, ou contre un étranger résidant, contrairement au troisième paragraphe de l'article 7 de la loi de 1849.

Dans ces trois cas seulement, une action en dommages-intérêts pourrait être intentée par l'expulsé devant les tribunaux civils. Le tribunal civil devrait nécessairement attendre, dans les deux dernières hypothèses, que le Conseil d'État ait annulé l'arrêté pour excès de pouvoir (1).

Cependant l'autorité judiciaire incline à se déclarer incompétente et à se dessaisir complètement de semblables affaires (2). Sans doute, les tribunaux judiciaires ne peuvent apprécier, lorsqu'ils sont saisis d'une action en réparation civile, la légalité d'un arrêté d'expulsion, mais il ne s'ensuit pas qu'il faille nécessairement se dessaisir de la demande. Les tribunaux doivent simplement surseoir jusqu'à ce que l'autorité compétente, en l'espèce le Conseil d'État, ait apprécié la légalité de l'arrêté (3).

(1) Aff. Napoléon. — Sir., 1876, 2, 297, et *Journal du Palais*, 1876, p. 1218, avec la note de M. Labbé.

Comp. Cass., 3 août, 1874 et 2 fév. 1876; Sir., 1876, 1, 293.

(2) Paris, tr. civ. (Ire ch.), 19 fév. 1873, 10 août 1878. — *Gazette des trib.*, 11 août 1878, — 12 juin 1886. — Journ. *le Droit*, 13 juin 1886. — Paris, 29 janv. 1876 ; Sir., 1876 2, 297 ; Dall., 1876, 2, 41. — Aff. Napoléon.

Dalloz, v° *Compétence administrative*, 28 et suiv., 103, 13°.

(3) Aucoc, *Dr. admin.*, t. I, n° 274 et conclus. — Sir., 1867, 2, 124. — David, *Conclus*, Sir., 1876, 2, 89. — Serrigny. *Comp. en mat. adm.*, t. I, n° 35. — Batbie, *Dr. adm.*, t. III, nos 359 et 272. — Dalloz,

Nous venons de supposer que le Conseil d'État pouvait, dans deux hypothèses, apprécier la légalité de l'expulsion. En dehors des tribunaux correctionnels et des tribunaux civils, nous pensons en effet que l'expulsé aura un recours devant le Conseil d'État pour excès de pouvoirs dans les deux cas que nous venons de citer. On pourrait également donner compétence au Conseil d'État si l'arrêté était motivé et indiquait des faits précis. L'expulsé aurait alors le droit de contester l'inexactitude de ces motifs.

Le pourvoi ne pourrait pas d'ailleurs être suspensif et l'expulsion devrait être préalablement exécutée.

Cependant, ce n'est pas sans hésiter que nous accordons ce dernier recours à l'expulsé, car, en principe, les tribunaux judiciaires, pas plus que les tribunaux administratifs, ne sauraient connaître des motifs d'un arrêté d'expulsion.

De même que les tribunaux judiciaires, le Conseil d'État a été saisi plusieurs fois de recours contre des arrêtés d'expulsion, et toujours il a rejeté purement et simplement les pourvois en décidant que l'arrêté d'expulsion n'est point susceptible d'un recours contentieux à raison de son caractère gouvernemental. Sa jurisprudence est donc la même en cette matière que celle des tribunaux ordinaires (1).

v° *Compét. adm.*, *loc. cit.* — Comp. Cass., 3 août 1874 et 2 fév. 1876, avec la dissertation de M. Labbé.

(1) Affaire Naundorff. Conseil d'État, 4 août 1836 ; Sir., 1836.

Cependant cette jurisprupence du Conseil d'État s'est sensiblement modifiée à l'occasion de l'affaire Morphy, le 14 mars 1884. Ce jour-là, en effet, il a été décidé que le recours au Conseil d'État serait ouvert sous certaines conditions contre l'arrêté d'expulsion.

Lors de la troisième poursuite dirigée contre Morphy, l'inculpé déclara qu'il avait l'intention de se pourvoir devant le Conseil d'État contre l'arrêté qui le frappait, et le président du tribunal correctionnel de la Seine ordonna la remise de l'affaire et la mise en liberté provisoire de l'inculpé. La requête devant le Conseil d'État fut rejetée parce qu'elle avait été tardivement présentée (1), et aussi parce que les tribunaux judiciaires avaient déjà statué sur la situation de Morphy et étaient encore saisis de la même ques-

2, 445. — Aff. de Solms. Conseil d'État, 8 déc. 1863; Dall., 1854, 3, 85. — Aff. du prince G. Radziwill. Conseil d'Etat, 24 janv. 1867; Rec. *Lebon*, 1867, p. 94. — Aff. Morphy. Conseil d'État, 14 mars 1884; Sir., 1886, 3, 2; Dall., 1885, 3, 9.

(1) Le Conseil d'État n'était pas saisi d'une demande d'interprétation d'un acte administratif sur renvoi ou arrêt de sursis de l'autorité judiciaire. Il y avait simple remise de l'affaire devant le tribunal, et dès lors la requête pour excès de pouvoir devant le Conseil d'État était soumise comme toute requête à la déchéance résultant de l'article 11 du décret du 22 juillet 1806, si elle n'a pas été formée dans les trois mois de la notification de la décision attaquée. Or, la notification était du 30 décembre 1880. En admettant même que l'arrêté d'expulsion, tant qu'il n'est pas exécuté, ne soit qu'une simple mise en demeure et que le délai d'appel ne doive courir que de l'exécution, il y a eu exécution de l'arrêté au mois de janvier 1881, donc la requête formée le 20 novembre 1883 est non recevable comme tardivement présentée.

tion. Comme il est aisé de le voir, il ne s'ensuit pas que jamais le Conseil d'État ne puisse admettre de recours pour excès de pouvoir contre un arrêté d'expulsion.

M. Levavasseur de Précourt fit même remarquer dans ses conclusions qu'un semblable recours était possible dans une des hypothèses que nous avons prévues : celle où « l'arrêté a été incompétemment pris par un préfet d'un département frontière ».

Ces conclusions n'ont été en rien détruites par l'arrêt du Conseil d'État, et tout laisse à penser que si une nouvelle affaire se présentait devant lui, sous certaines conditions déterminées, il se déclarerait compétent.

En dehors des cas que nous avons précédemment exposés, les tribunaux judiciaires ou administratifs ne seront jamais compétents pour apprécier la légalité ou l'illégalité d'un arrêté d'expulsion. Cette mesure est en effet, au premier chef, un *acte gouvernemental*, c'est-à-dire, un acte que l'on regarde comme étant d'une telle importance au point de vue de l'intérêt de l'État ou du pouvoir politique placé à sa tête que toutes les réclamations individuelles viennent se briser contre des considérations d'un ordre supérieur (1).

(1) Gautier. *Dr. adm.*, t. I, page 4 et suiv. — Ducrocq. *Dr. adm.*, I, n° 248, 252, 650-3°. — Batbie. *Dr. adm.*, t. VII, n° 389.

Comp. : Trib. des conflits, 14 déc. 1872. — Conclus. de M. Aucoc dans l'aff. Hamilton ; Conseil d'État, 11 août 1866, et dans l'aff. du

Certains auteurs (1) qui, comme nous, mettent au-dessus de toute discussion contentieuse les actes de haute politique et d'ordre public réservent cependant à l'autorité judiciaire compétence sur les actes portant atteinte à la liberté individuelle et par conséquent, semble-t-il, sur l'arrêté d'expulsion. Malheureusement, ces divers auteurs ne s'expliquent pas clairement sur le recours qu'ils croient devoir donner à l'individu dont la liberté a été ainsi atteinte. Il nous paraît impossible en notre matière de donner à l'expulsé d'autres recours que ceux que nous venons de lui attribuer dans certaines circonstances tout à fait spéciales.

Aussitôt que le ministre de l'Intérieur aura lancé un arrêté d'expulsion, il faudra, avons-nous dit, conduire l'étranger à la frontière. Comment s'y prendra-t-on? Quels sont les moyens usités, dans la pratique, pour expulser les étrangers ?

Les étrangers qui n'ont pas été déclarés vagabonds par jugement et, plus généralement, qui n'ont subi en France aucune condamnation, sont remis ordinairement à la police qui les conduit jusqu'à la frontière (2).

duc d'Aumale ; Conseil d'État, 9 mai 1867. — *V.* la loi du 24 mai 1872, art. 9.

(1) Ducrocq. *Loc. cit.* — Aucoc. *Loc. cit.* — Serrigny. *Compét. en mat. adm.*, t. I, n° 35. — Labbé : note, *loc. cit.* — David : conclus. dans l'aff. Chérac, Conseil d'État, 5 juin 1875. — *Comp.* Dufour. *Dr. adm.*, t. I, n° 3. — Cass., 3 juin 1872 et 8 fév. 1876.

(2) Ce peut-être aussi la gendarmerie. — C'est le maire ou le

Souvent aussi on leur notifie simplement de quitter le territoire français en leur remettant une feuille de route avec indication de l'itinéraire à suivre et la faculté de s'arrêter, s'il y a lieu, dans certaines localités pendant un laps de temps déterminé.

Quant aux condamnés d'origine étrangère, ils sont signalés dès leur condamnation au ministre de l'Intérieur. Pour la procédure à suivre, il y a à distinguer deux classes de condamnés : ceux destinés aux maisons centrales et ceux devant être incarcérés dans les prisons départementales. Quant à ces derniers, la brièveté de la peine ne permettant pas toujours de prendre l'arrêté d'expulsion dans les délais impartis, il est parfois nécessaire de les maintenir en prison, après l'expiration effective de leur peine. Cette mesure s'appelle la *détention administrative*, et elle est prononcée par arrêté préfectoral. Il n'y a d'autre limite à cette détention que le temps nécessité par la préparation et la notification de l'arrêté ministériel prononçant l'expulsion. Cette détention administrative est donc tout à fait arbitraire et constitue une grave atteinte à la liberté individuelle. Aussi serait-il bon de trouver un moyen d'y échapper, d'autant plus que, tant que l'arrêté d'expulsion n'est pas notifié, il est fâcheux de voir le détenu qui a subi

commissaire de police qui notifie l'arrêté aux expulsés. — Le préfet prévient très souvent les autorités du pays où doit se rendre l'expulsé. — Brayer. *Dictionnaire de police*, p. 870.

sa peine rester en contact avec les autres condamnés.

Pour les étrangers détenus dans les maisons centrales, une notice, dite de condamnés d'origine étrangère, est envoyée deux mois avant la date de libération à l'Administration centrale. Le ministre (direction de la Sûreté générale) prononce alors la mesure qui doit intervenir. S'il expulse, l'expulsion peut être pure et simple, ou bien « temporisée », c'est-à-dire avec délai pour sortir de France.

L'expulsion prononcée est notifiée à l'intéressé qui signe un procès-verbal dressé, séance tenante, par l'officier administratif (gardien-chef dans les prisons départementales, greffier comptable dans les maisons centrales). S'il ne sait pas signer, deux témoins le constatent : un codétenu et un gardien. L'expulsion est ensuite exécutée par le service des transferts cellulaires et l'on conduit l'expulsé à la frontière indiquée (1).

Le condamné frappé d'expulsion peut être autorisé à sortir librement. En ce cas, il est mis en liberté le

(1) Les voitures cellulaires passent environ de quinze en quinze jours. Il pourra se faire que l'expulsé qui aura reçu la notification de l'arrêté qui le frappe, le 2 janvier par exemple, soit forcé d'attendre jusqu'au 15 le passage d'un nouveau convoi. Dans ce cas encore, il sera détenu arbitrairement. Aussi cette situation, assimilable au cas de détention administrative, devrait-elle être modifiée. — V. cependant la circulaire du 15 avril 1878, dont nous parlons plus loin, qui cherche à éviter aux expulsés un séjour trop prolongé dans les prisons.

jour même de l'expiration de sa peine et il doit se rendre à la frontière au point et au jour indiqués, sous peine d'application de la loi de 1849 (art. 8). Il en est de même de l'expulsé qui a obtenu, sur la proposition de l'Administration, une autorisation momentanée de séjour pendant un délai déterminé. Ce dernier est alors libre, dès l'expiration de sa peine, de séjourner partout en France ou le plus souvent en des points déterminés, suivant les nécessités constatées par l'enquête préalable.

L'expulsé est dirigé sur la frontière du pays auquel il appartient et habituellement sur un des points les plus rapprochés de la prison où il est détenu. Il y a cependant une exception à cette règle pour l'individu qui prouve sa qualité de *déserteur*. Comme s'il rentrait dans son pays, il serait immédiatement arrêté et jugé, il est admis qu'on conduit cet étranger déserteur sur tel autre territoire qu'il indique (1). Dans ce cas la nation qui recevra l'expulsé pourra se plaindre, puisque ce n'est pas un de ses nationaux que l'on dépose sur son sol. Aussi est-il arrivé que certaines puissances, la Suisse et l'Italie notamment (2), ont adressé des réclamations à ce

(1) Les diverses nations n'admettent point l'extradition pour le cas de désertion ; or, en fait, ce serait violer ce principe que de conduire l'expulsé à la frontière de sa patrie.

(2) *Voir* les circulaires du 1er avril 1852 et du 30 août 1882, dont nous parlons plus loin. — La circulaire du 17 décembre 1885 dit que la plupart des puissances *refoulent* impitoyablement tous les expulsés autres que leurs nationaux.

sujet au gouvernement français et ont demandé qu'on ne leur envoyât que des individus dont les nationalités suisse ou italienne avaient été préalablement établies d'une façon exacte et précise. Rien n'oblige en effet une nation à recevoir sur son territoire des individus reconnus dangereux dans les pays voisins.

Il peut arriver que l'on ait à expulser un individu n'appartenant pas à un État limitrophe de la France. En ce cas l'étranger sera parfois « conduit à un port d'embarquement, à destination du pays non limitrophe ». Tels sont les termes des arrêtés d'expulsion. Les frais de passage doivent être, croyons-nous, à la charge de l'État qui expulse. On peut aussi conduire l'étranger à la frontière de l'État qui avoisine son pays d'origine, par exemple à la frontière espagnole s'il s'agit d'un Portugais, et demander à cette nation de se charger de ramener l'expulsé dans sa patrie (1). De même, si l'Espagne expulse un Allemand, ce sera aux autorités françaises à ramener l'expulsé, aux frais de la France, jus-

(1) Certains traités autorisent cette façon de procéder. Une convention entre la Russie et la Prusse avait réglé cette question. Si le Gouvernement russe voulait renvoyer dans sa patrie un individu dont le transport ne pouvait s'effectuer qu'à travers le territoire prussien, le Gouvernement prussien ne devait jamais s'y refuser, pourvu toutefois qu'en livrant cet individu aux autorités prussiennes, on leur remît une déclaration du Gouvernement auquel appartenait l'expulsé portant consentement à le recevoir et déclarant que l'on payerait les frais du transport. Si le pays d'origine de l'expulsé se refusait ensuite à le recevoir, il pouvait être, dans l'année, rendu à la Russie. (Martens : N. R. G., VII, 53.)

qu'à la frontière allemande (à titre de réciprocité). — Un grand nombre de circulaires ministérielles sont encore venues éclaircir cette matière de l'expulsion et apporter à la pratique certains renseignements complémentaires. A plusieurs reprises, le ministre de l'Intérieur a appelé l'attention des préfets sur la nécessité de prendre des mesures pour que l'entrée du territoire français fût interdite à tout étranger qui se présenterait sans justifier de ses moyens d'existence ou sans être porteur de papiers certifiant qu'il peut gagner sa vie en travaillant (1).

Le 22 janvier 1852 (2), le ministre de l'Intérieur ordonne aux préfets « d'arrêter et de détenir, par mesure de sûreté générale » les étrangers dangereux dont l'expulsion a été proposée. Il recommande aussi aux préfets de ne pas renvoyer les réfugiés expulsés dans leur propre pays, où ils ne peuvent rentrer sans tomber sous la vindicte des lois qu'ils ont enfreintes.

Le 1er avril de la même année (3), une circulaire prescrit de ne jamais effectuer d'expulsion de sujets

(1) Circul. du 31 août 1849. — Le ministre applique cette interdiction à tous les joueurs d'orgue, musiciens ambulants, etc..., qui ne sont, dit-il, en réalité, que des mendiants; *Bull. off.*, 1849, p. 426. — Brayer, *op. cit.*, p. 867.

(2) Brayer, *loc. cit.* — *Comp.* avec circul. du 21 janv. 1856 concernant l'expulsion des étrangers dangereux. Brayer, *loc. cit.*

(3) Brayer, *op. cit.*, p. 867 et 868. — Une circulaire du 30 août 1882 fait connaître également que l'Italie s'est plaint plusieurs fois qu'on ait rejeté sur son territoire des individus dont la nationalité italienne n'est pas justifiée. *Journal de Droit int. privé*, 1883, p. 221.

italiens sur le territoire sarde, sans être en mesure de fournir la preuve de la nationalité de l'expulsé, résultant « soit d'un extrait de naissance ou de baptême, soit d'un certificat d'origine régulier, ou d'un passeport national, soit de toute autre pièce authentique ».

Une autre circulaire, du 20 mars 1869 (1), prévoit le cas assez fréquent où des étrangers désignés pour être reconduits à la frontière ne connaissent pas la destination qui leur est donnée par suite de leur ignorance de la langue française. « Il est à désirer, dit le ministre, que les gardiens-chefs se concertent avec les autorités locales pour qu'au moyen d'interprètes ces individus soient informés à l'avance du pays sur lequel ils sont dirigés. »

Malgré toutes ces recommandations (2), les préfets continuèrent à commettre de nombreuses irrégularités. Aussi, M. Allain-Targé, dans une circulaire du 17 décembre 1885 (3), leur rappelle-t-il tout ce que les circulaires précédentes leur avaient déjà indiqué. Le ministre de l'Intérieur avait surtout remarqué que les préfets des départements frontières expul-

(1) *Code des prisons*, t. IV, p. 454.

(2) *V.* également une circulaire du 15 mars 1856 concernant les extraits de jugement à joindre aux propositions d'expulsion. Le ministre demande à ce qu'on lui transmette les extraits qui se trouvent entre les mains des gardiens-chefs et qui ne servent plus à rien après la libération du détenu.

(3) *Journal de Dr. int. privé*, 1886, p. 497. — Journal *la Loi*, du 25 déc. 1885. — *Bull. off. justice*, 1886, p. 47.

saient des étrangers pouvant être considérés comme résidant en France, ou au contraire qu'ils demandaient à son administration de prendre elle-même l'arrêté contre des individus en état de vagabondage. « Il est essentiel, porte la circulaire, de s'en tenir aux termes de la loi qui ne présente aucune ambiguïté et dont l'application est des plus faciles. »

En second lieu, des mesures d'expulsion étaient souvent proposées contre des détenus étrangers sur le simple vu de l'extrait du registre d'écrou appuyé du seul avis des directeurs des prisons. Cet avis sera presque toujours défavorable, car il est certain que dans la pratique les préfets, les directeurs des prisons et la plupart du reste des fonctionnaires chargés d'expulser les étrangers ou de fournir sur leur compte des renseignements, considèrent comme susceptible d'être expulsé tout condamné, par le seul fait qu'il est étranger. Comme le remarque très bien M. Allain-Targé, c'est méconnaître singulièrement l'esprit et le texte de la loi de 1849 (1). Il faut que l'étranger soit dangereux ; il est nécessaire qu'il compromette la sécurité ou l'ordre public, pour qu'il soit passible d'expulsion. Or, très souvent, l'étranger qui n'aura encouru qu'une condamnation parfois très minime pourra parfaitement rester en France sans mettre l'État ou les particuliers dans le moindre

(1) L'article 272 du Code pénal porte également que les vagabonds étrangers « *pourront* » être expulsés.

danger. Il en sera de même de l'étranger ayant commis certaines infractions particulières, par exemple un homicide par imprudence, qui n'atteste pas du tout une conduite dangereuse pour l'ordre social.

L'expulsion est une mesure trop grave pour qu'on puisse la prendre à la légère, sans s'être enquis à l'avance de savoir si l'individu que l'on veut atteindre mérite ou non d'être chassé de France. Aussi, le ministre demande-t-il aux préfets de se renseigner aussi exactement que possible, tant auprès de ses collaborateurs qu'auprès des chefs de Parquet sur la situation des étrangers pouvant être expulsés après condamnation. Les préfets devront dorénavant faire connaître au ministre depuis combien de temps l'étranger est en France et à quel travail il se livre, quels sont ses moyens d'existence, s'il est marié ou célibataire, s'il a des enfants, enfin s'il est accompagné ou non de sa famille (1).

M. Allain-Targé désire, en outre, que pour les cas, assez rares d'ailleurs, où il y a lieu d'expulser un étranger n'ayant pas encouru de condamnations préalables, les préfets envoient au ministre de l'Intérieur un rapport spécial et très circonstancié qui permette d'apprécier la nécessité de la mesure que l'on propose (2).

(1) *V.*, à la fin de la circulaire de 1885, la notice que les préfets devront toujours remplir et envoyer au ministre de l'Intérieur.

(2) *V.* une circulaire du 29 août 1887 (*Journal de Droit int.*

Nous ne saurions trop approuver cette circulaire qui prévoit, en effet, certains abus très nombreux dans la pratique du droit d'expulsion et permet d'y remédier tout en donnant à l'étranger un surcroît de garanties. La notice que les préfets devront faire remplir se trouve actuellement dans toutes les prisons, et on n'expulse jamais un étranger condamné sans prendre préalablement sur son compte tous les renseignements demandés par M. Allain-Targé. De même, les préfets, qui souvent se contentaient d'un rapport très sommaire sur les faits accomplis par l'étranger réputé dangereux, devront fournir au ministre des rapports beaucoup plus complets permettant de ne pas expulser un étranger sans de graves raisons. L'arbitraire, qui existe forcément dans la théorie du droit d'expulsion, doit être atténué le plus possible dans la pratique; la circulaire de 1885 réalise à ce point de vue de grands progrès.

SECTION II

Droit conventionnel.

Si, en principe, l'État a le droit d'expulser les étrangers, cette faculté a été singulièrement restreinte

privé, 1887, p. 795) rappelant cette circulaire de 1885. — *Comp.* ces circulaires avec une circul. du 15 avril 1878 (*Bulletin officiel*, 1878, p. 239) édictant certaines mesures concernant le transfèrement des étrangers qui doivent être expulsés afin d'éviter le séjour prolongé dans les prisons.

par certains traités qui sont venus modifier en partie les articles de la loi de 1849 relatifs à l'expulsion.

Ces traités, sans renoncer complètement à ce droit, l'atténuent en faveur des nationaux des puissances contractantes par la clause suivante : « Les citoyens respectifs des deux puissances cocontractantes ne pourront être expulsés ni même envoyés forcément d'un point à un autre du pays par mesure de police ou gouvernementale, sans motif grave et de nature à troubler la tranquillité publique, et avant que ces motifs et les documents qui en font foi aient été communiqués aux agents diplomatiques ou consulaires de leurs nations respectives. Dans tous les cas, il sera accordé aux expulsés le temps nécessaire pour présenter ou faire présenter au Gouvernement du pays leur moyen de justification. Le temps sera d'une durée plus ou moins grande suivant les circonstances. » « Il est bien entendu, ajoutent les traités, que les dispositions du paragraphe qui précède ne seront point applicables aux condamnations à la déportation ou au bannissement d'un point à un autre du territoire, qui pourraient être prononcées conformément aux lois et aux formes établies par les tribunaux de l'un des deux pays contre les citoyens de l'autre. Ces condamnations continueront à être exécutables sans explications préalables et sans autre délai que ceux fixés par les tribunaux eux-mêmes(1). »

(1) Traité avec la Bolivie (Traité d'amitié, de comm. et de navig.,

La Convention franco-bavaroise du 30 mai 1868 exige également que l'on constate la nationalité des expulsés avant de les conduire à l'une ou l'autre frontière. Cette constatation faite, on devra communiquer à la légation ou au consulat compétent tous les papiers dont l'expulsé était nanti et qui peuvent aider à prouver sa nationalité.

En outre, on ne délivrera plus de passeport à l'expulsé, mais seulement une feuille de route désignant le point de la frontière où il sera tenu de passer pour se rendre dans son pays. Lorsque la légation ou le consulat visera ces feuilles de route, il sera nécessaire d'indiquer qu'il n'existe aucun obstacle au rapatriement de l'expulsé. En cas de doute, on devra en référer au Gouvernement (1).

D'autres traités, comme le traité franco-russe de commerce et de navigation, du 1er avril 1874, paraissent supprimer d'une façon complète le droit d'ex-

du 9 déc. 1834, art. 3, par. 2); avec l'Équateur (Traité d'amitié, de comm. et de navig., du 6 juin 1843, art. 4, par. 4); avec le Guatémala (Traité d'amitié, de comm. et de navig., du 10 mars 1848, art. 4, par. 4); avec Costa-Rica (Convention d'accession du traité de Guatémala, 10 mars 1848); avec le Honduras (Traité d'amitié, de comm. et de navig., du 22 fév. 1855, art. 4, par. 4); avec le Salvador (Traité d'amitié, de comm. et de navig., du 2 janvier 1868, art. 5, par. 2); avec le Pérou (Traité d'amitié, de comm. et de navig., du 9 mars 1861, art. 3, par. 3). — Durand : *Essai de Droit int. privé*, p. 576, 601, 603, 641, 647, 701, 747. — Ces traités se trouvent également à leur date dans le recueil de de Clercq.

(1) Convention franco-bavaroise du 30 mai 1868 ; — Formalités à remplir pour l'expulsion des sujets des deux pays. — Durand,

pulsion dans les rapports des États contractants. « Les Français en Russie et les Russes en France, porte le paragraphe 2 de l'article 1er, pourront réciproquement, en se conformant aux lois du pays, entrer, voyager ou séjourner en toute liberté, en quelque partie que ce soit des territoires et possessions respectifs, pour y vaquer à leurs affaires. Ils jouiront à cet effet, pour leurs personnes et leurs biens, de la même protection et sécurité que les nationaux. » Les nationaux ne pouvant pas être expulsés, il semble bien qu'il doive en être de même des Russes, mais cette conclusion, que l'on pourrait tirer de la fin du paragraphe 2, est démentie par une autre disposition de l'article 1er (art. 1, *in fine*) : « Il est toutefois entendu que les stipulations qui précèdent ne dérogent en rien aux lois, ordonnances et règlements spéciaux en matière de commerce, d'industrie et de police en vigueur dans chacun des deux pays et applicables à tous les étrangers en général (1).

Le traité d'établissement conclu entre la France et la Suisse, à la date du 23 février 1882, subordonne de même à l'observation des lois et règlements de police le droit de séjour des ressortissants de chacun des deux États sur le territoire de l'autre (2).

p. 552. — *Archiv. diplom.*, 1869, I, p. 172 ; de Clercq, à la date de la convention.

(1) Durand. *Op. cit.*, p. 729. — Weis. *Traité élém. de Dr. int. privé*, p. 416 ; de Clercq, à la date du traité.

(2) Article 1er du traité. « Les Français seront reçus et traités

Les dispositions de ces traités peuvent de plus être invoquées par les nationaux des États qui se sont assuré le traitement de la nation la plus favorisée, comme l'Allemagne et l'Angleterre (1). Mais il faut

dans chaque canton de la Confédération relativement à leurs personnes et à leur propriétés sur le même pied et de la même manière que le sont ou pourront l'être à l'avenir les ressortissants des autres cantons. Ils pourront, en conséquence, aller et venir et séjourner temporairement en Suisse, en se conformant aux lois et aux règlements de police. » L'article 3 confère les mêmes droits aux Suisses qui sont en France. L'article 7 dit que les dispositions du traité seront applicables à l'Algérie.

En ce qui concerne les autres possessions françaises d'outre-mer, ces mêmes dispositions y seront applicables sous les réserves que comporte le régime spécial auquel ces possessions sont soumises. — Durand, p. 785; — de Clercq, à la date du traité. — Weis. *Op. cit.*, p. 416. — *Archives diplom.*, 1882, 1883, 2me série, t. V.

Le tribunal fédéral suisse a jugé, en 1882, que le traité d'établissement franco-suisse n'enlevait pas aux autorités cantonales, aux autorités genevoises, dans l'espèce, le droit d'expulser les sujets français du territoire qu'elles administrent. (*Semaine judiciaire*, 1883, p. 622. — *Journal de Dr. int. privé*, 1883, p. 537.) — Une décision analogue a été rendue par le Conseil fédéral qui a validé, le 24 juillet 1883, l'expulsion du canton de Genève de miss Booth, maréchale de l'armée du Salut. Cette dernière, pour se soustraire aux effets de l'expulsion qui la frappait, excipait d'un traité d'établissement anglo-suisse du 5 septembre 1855 conçu dans des termes à peu près semblables à ceux du traité français.

(1) L'article 11 du traité de paix franco-allemand, du 10 mai 1871, est ainsi conçu : « Les traités de commerce avec les différents États d'Allemagne ayant été annulés par la guerre, le Gouvernement français et le Gouvernement allemand prendront pour base de leurs relations commerciales le régime du traitement réciproque sur le pied de la nation la plus favorisée. Sont compris dans cette règle les droits d'entrée et de sortie, le transit, les formalités douanières, l'admission et le traitement des sujets des deux nations ainsi que de leurs agents. » — Durand, *op. cit.*, p. 548; — de Clercq, à la date du traité.

Les marins allemands, même ceux qui seraient condamnés pour

se rappeler que la clause du traitement de la nation la plus favorisée n'est pas universelle et s'applique seulement à la classe de droits pour laquelle elle est stipulée. Ainsi, le traité d'amitié de la France avec la Nouvelle-Grenade, du 15 mai 1856, dispose dans son article 4 que les sujets des deux pays jouiront dans l'autre de la plus complète et constante protection pour leurs personnes et leurs propriétés. Il leur accorde le droit d'ester en justice, et conclut en disant : « Ils jouiront sous ce rapport des mêmes droits et privilèges que ceux qui seront accordés aux nationaux et seront soumis aux mêmes conditions imposées à ces derniers. »

Il n'est donc plus question ici de la nation la plus favorisée, mais des nationaux eux-mêmes. Néanmoins, ce serait donner une trop grande extension aux termes de ce traité que de l'appliquer à autre chose qu'à la protection accordée par les tribunaux (1).

crimes ou délits pendant leur séjour à terre, ne sont pas expulsés. Aux termes d'accord intervenus officieusement, ces marins sont remis à leurs consuls qui sont chargés de les rapatrier. — Circulaires 15 oct. et 12 nov. 1885. — *Bull. off., justice*, 1885, p. 203.

L'article 1er du traité de commerce et de navigation du 28 févr. 1882, conclu entre l'Angleterre et la France, porte également qu' « il est bien entendu qu'en tout ce qui concerne le transit, l'emmagasinage, l'exportation...., la résidence temporaire ou permanente, les ressortissants Britanniques en France et les ressortissants Français dans le Royaume-Uni jouiront du traitement de la nation la plus favorisée ».

(1) Traité d'amitié, de comm. et de navig., 15 mai 1856, Nouvelle-

Une clause sur laquelle, au contraire, des doutes sérieux pourraient s'élever est celle de l'article 4, paragraphe 4 du traité d'amitié conclu, le 11 avril, 1859, avec le Nicaragua et conçu en ces termes : « Les sujets et citoyens des deux pays auront le droit de se transporter en tout lieu sur le territoire de l'un et de l'autre pays et jouiront, en toutes circonstances, de la même sécurité que les sujets ou citoyens du pays dans lequel ils résident, à la condition par eux d'observer dûment les lois et ordonnances (1). »

Le droit de se transporter en tout lieu et de jouir de la même sécurité que les nationaux, n'est-ce pas l'exclusion absolue du droit d'expulsion? Nous ne le croyons pas. Et d'abord la restriction apportée par la fin de l'article milite en notre faveur : il faut « observer les lois et ordonnances ». On pourrait soutenir cependant que la fin même de ce texte restreint l'expulsion au seul cas où une décision judiciaire constaterait une violation des lois de la part des étrangers originaires du Nicaragua. Nous pensons au contraire que l'expulsion par simple mesure

Grenade; — Durand, *op. cit.*, p. 692; — de Clercq, à la date du traité.

(1) Traité d'amitié, de comm. et de navig., 11 avril 1859, Nicaragua. — Durand, *op. cit.*, p. 686; — de Clercq, à la date du traité. — *Comp.* Convention consulaire du 7 janvier 1862 entre l'Espagne et la France, art. 2, 3 et 17.

V. circul. du ministre de l'Intérieur du 9 avril 1866; *Bull.* 1866, p. 175.

gouvernementale est toujours possible. Ce traité conclu avec la République du Nicaragua est en effet du 11 avril 1851. Celui conclu avec le Pérou est du 9 mars 1861, par conséquent postérieur de deux ans; or, l'article 47 de ce dernier traité accorde aux Péruviens en France le traitement de la nation la plus favorisée. Que signifierait donc l'article 3, paragraphe 3, qui n'accorde aux Péruviens qu'une garantie bien moindre que celle donnée par le traité du Nicaragua (1)? Par conséquent, de deux choses l'une : ou bien le paragraphe 4 de l'article 4 du traité avec le Nicaragua n'a pas du tout pour but d'abolir le droit d'expulsion, ou bien l'article 3 du paragraphe 3 du traité avec le Pérou n'a aucun sens. Cette dernière hypothèse est inadmissible. Les Nicaraguayens pourront donc être expulsés par le Gouvernement français; seulement, pour eux

(1) Cet article est ainsi conçu : « Les sujets respectifs des deux pays ne pourront être arrêtés ou expulsés du pays, ni même transportés d'un point à un autre du territoire sans motifs graves, sans que les formes légales soient admises à leur égard et avant que les causes qui motivent une pareille mesure et les documents qui en feront foi aient été en temps opportun communiqués aux agents diplomatiques ou consulaires de leur nation respective. Dans tous les cas, il sera accordé aux inculpés le temps nécessaire, selon les circonstances, pour présenter leurs moyens de justification et de défense, et pour prendre avec lesdits agents diplomatiques ou consulaires les mesures nécessaires à la conservation de leurs biens et de ceux des tiers qui existeraient entre leurs mains. Les stipulations du présent article ne pourront mettre obstacle à l'exécution des jugements prononcés par les tribunaux respectifs conformément aux lois. » — Durand, *op. cit.*, p. 702.

comme pour la plupart des autres puissances, on devra communiquer leur expulsion aux agents diplomatiques ou consulaires, conformément à l'article 34 de ce même traité de 1859, où la France promet de traiter le Nicaragua comme la nation la plus favorisée (1).

SECTION III

Algérie et colonies.

En Algérie, comme dans toutes nos colonies, le nombre des étrangers est très considérable ; de plus, ces étrangers ont souvent de mauvais antécédents, et leur conduite peut devenir un danger social. Aussi l'expulsion sera une mesure à laquelle on aura besoin de recourir dans bien des circonstances. La loi de 1849 sera-t-elle toujours applicable ?

Tous les arrêtés d'expulsion pris par le gouverneur général ou par les préfets d'Oran et de Constantine visent les différents articles de la loi de 1849 relatifs à l'expulsion des étrangers (2). Cependant, on peut se demander si cette loi de 1849 est réellement exécutoire en Algérie. Ce qu'il y a de certain, c'est qu'elle n'y a jamais été promulguée d'une façon spéciale (3) et que les articles qu'elle contient au sujet de la naturalisation ont été abrogés par le sénatus-

(1) Durand, *op. cit.*, p. 518.

(2) Exposés de la situation de l'Algérie au Conseil supérieur pour 1886, p. 13 et 14, et pour 1887, p. 7 et 9.

(3) *Revue algérienne*, 1886, 2, 449, note.

consulte du 15 avril 1865 et le règlement d'administration publique du 21 avril 1866. Mais que décider au sujet des articles ayant trait à l'expulsion?

Dès qu'un Gouvernement régulier pût être établi en Algérie, le gouverneur général eut le droit de prononcer, à l'égard des individus qui compromettraient ou troubleraient la tranquillité publique, soit l'exclusion pure et simple d'une ou plusieurs localités algériennes, soit l'exclusion à temps ou illimitée de la colonie. Le gouverneur pouvait même refuser d'admettre dans l'étendue de son gouvernement les individus, même Français, dont la présence serait jugée dangereuse (1).

L'ordonnance royale du 15 avril 1845, dans son article 31, lui donne les mêmes pouvoirs; seulement le gouverneur dut à l'avenir consulter son conseil d'administration avant de prononcer l'expulsion qui ne devait jamais être que temporaire. Le ministre de la Guerre devait en outre approuver les décisions ainsi prises. Lorsque l'expulsé revenait dans les lieux dont le séjour lui avait été interdit, il était puni d'un emprisonnement de trois mois à deux ans. Cette peine, en cas de récidive, était toujours portée au maximum et pouvait même être élevée au double. Jamais on ne devait accorder de circonstances atténuantes (2).

(1) Arrêtés ministériels du 1er sept. 1834, art. 15, et du 2 août 1836, art. 10.

(2) Arrêté du 15 juin 1841.

Le 16 décembre 1848, un arrêté du chef du pouvoir exécutif vint apporter de graves modifications à cette législation. Le gouverneur général de l'Algérie doit toujours assurer le maintien de l'ordre et de la sécurité publique, mais il peut seulement « prendre sous sa responsabilité les mesures autorisées par les lois de la métropole dans les cas imprévus où ces intérêts seraient gravement menacés » (art. 6 de l'arrêté). Il devait en outre rendre compte immédiatement des mesures prises au ministère de la Guerre. Or, il est à remarquer qu'à cette époque la France était régie par la loi du 28 vendémiaire an VI, qui permettait d'expulser les étrangers, mais n'édictait aucune sanction pour ceux qui ne tenaient aucun compte de l'arrêté d'expulsion. Il n'y avait en effet que les « réfugiés » qui étaient passibles de peines, comme nous l'avons vu en commentant la loi de 1834 (loi de 1834, art. 2). De plus, les Français ne pouvaient jamais être expulsés.

A partir de l'arrêté de 1848, le gouverneur général ne pouvait donc qu'expulser des étrangers et ne pouvait les punir qu'en vertu de la compétence exceptionnelle qui lui avait été attribuée « à titre provisoire et pour les cas exceptionnels et urgents » par l'article 5 de l'ordonnance royale du 22 juillet 1834 (1), et seulement des peines édictées par l'ar-

(1) Ménerville. *Dictionn. de la législ. algérienne*, t. Ier, v° *Législation algérienne*, p. 422 et suiv.

BIBLIOTHÈQUE NATIONALE RF IMPRIMÉS

rêté du 14 juin 1841. Mais cet article 6 de l'arrêté du 16 décembre 1848 permet-il au gouverneur, après la promulgation de la loi de 1849, d'user à l'égard des étrangers du pouvoir conféré par l'article 7 de cette loi au ministre de l'Intérieur ? On pourrait le contester, mais il est inutile de discuter à ce sujet, puisque l'article 7 de la loi de 1849 n'a rien innové au point de vue du pouvoir d'expulsion donné à l'autorité gouvernementale. Supposons donc que le Gouvernement de l'Algérie ait eu le droit de se servir de cet article, s'ensuit-il que l'autorité judiciaire pouvait appliquer les articles 8 et 9 de cette même loi de 1849 ? Nous ne saurions l'admettre, car l'article 6 de l'arrêté du 16 décembre 1848 reste muet sur la sanction de la violation de l'arrêté d'expulsion.

On pourrait même soutenir qu'*actuellement* les deux derniers articles de la loi de 1849 ne sont pas applicables à l'Algérie, car l'ordonnance du 22 juillet 1834 a soumis cette colonie à un régime tout à fait spécial, et depuis lors aucune loi française n'y devient exécutoire avant qu'un acte du Pouvoir législatif n'ait déclaré qu'elle y serait applicable et avant qu'elle n'ait été spécialement promulguée (1).

Cependant, la jurisprudence déroge constamment à ces principes. Un arrêt de la Cour d'Alger, à la

(1) Jacquey. *De l'application des lois françaises en Algérie*. — *Journal de Robe*, 1883, p. 73, 205, 273 et suiv.; *Revue Alger.*, 1885, 2, 2, note.

date du 22 février 1851, déclare applicables à l'Algérie « les lois pénales de la France intéressant l'ordre et la sûreté publics », et depuis, un grand nombre d'arrêts de cette même Cour, ou même de la Cour de cassation (1), ont décidé que les « lois de la métropole qui modifient une loi préexistante déjà exécutoire en Algérie y sont elles-mêmes exécutoires de plein droit, sans avoir besoin d'y être spécialement promulguées ». Or, la loi du 28 vendémiaire an VI était exécutoire en Algérie, parce qu'elle était antérieure à l'ordonnance du 22 juillet 1834 (2). Il en était de même de la loi du 1er mai 1834, et la loi de 1849 n'a fait que reproduire ou modifier ces deux lois. Avec la doctrine de la jurisprudence, les articles de la loi de 1849 sur l'expulsion sont donc applicables à l'Algérie.

Malgré ces arrêts, nous croyons qu'au point de vue strictement légal les derniers articles de la loi de 1849 ne sont point actuellement applicables à l'Algérie. L'article 2 du décret général du 26 août 1886 sur la réorganisation administrative de l'Algérie fournit un argument dans le sens de notre doctrine. « Les lois..... qui régissent en France ces divers

(1) Alger, 2 oct. 1884. *Journal de Dr. inter, priv.*, 1885, p. 435. — Jurisprud., Cour d'Alger, 1885, p. 38. — V. également les documents précités.

(2) Ménerville. *Op. cit.*, t. III, v° *Promulgation*, p. 250 ; —Sautayra, *Législat. de l'Algérie*, préface ; — Jacquey. *Op. cit.*, p. 205 et suiv. — *Journal de Robe*, 1885, p. 6, note.

services (1), dit le texte, s'appliquent à l'Algérie dans toutes celles de leurs dispositions auxquelles il n'a pas été dérogé par la législation spéciale du pays. » Or, l'arrêté du 15 juin 1841, qui n'a jamais été abrogé, constitue une mesure tout à fait spéciale à laquelle la loi de 1849 ne saurait déroger : *generalia specialibus non derogant*. — Le gouverneur général peut donc expulser les étrangers de l'Algérie ; mais s'ils violent l'arrêté d'expulsion, on ne peut pas légalement les punir en vertu de l'article 8 de la loi de 1849, mais seulement en vertu de l'arrêté du 18 juin 1841, qui contient au reste des peines plus sévères que celles infligées par l'article 8 (2).

Une loi du 29 mai 1874 a rendu applicable aux autres colonies la loi du 3 décembre 1849. Le droit conféré au ministre par l'article 7 de la loi de 1849 est exercé « par le gouverneur ou le commandant de la colonie » (art. 2 de la loi de 1874). Les gouverneurs ont joui d'ailleurs pendant longtemps de pouvoirs extraordinaires leur permettant de refuser l'entrée de la colonie à tout individu jugé dangereux pour la sûreté publique. Ils pouvaient aussi,

(1) Parmi ces services se trouve la police générale, qui comprend évidemment le droit d'expulsion. — V. l'art. 1 du décret.

(2) Comp. *Revue Algér.*, 1888, 2,25 et suiv., note. Un arrêté du gouverneur général, du 7 juin 1852, prescrit d'expulser les étrangers porteurs d'armes prohibées. C'est l'autorité administrative seule qui doit expulser. (Alger, 29 janv. 1880).

Jurisprud., Cour d'Alger 1880, p. 145. *Journal de Dr. int. privé*, 1880, p. 395.

soit temporairement, soit pour toujours, expulser les étrangers et même les nationaux qui troubleraient l'ordre de la colonie (1). Ces pouvoirs exceptionnels ont été supprimés par les décrets des 7 novembre 1879, 15 novembre 1879 et 26 février 1880, pour les Antilles, la Nouvelle-Calédonie, la Guyane, le Sénégal, et les Indes. Toutefois, il existe encore dans la plupart des colonies des arrêtés locaux pris surtout en vue des immigrants étrangers et soumettant à certaines conditions le droit de séjour. C'est ainsi qu'en Cochinchine un arrêté du 8 novembre 1880, approuvé par un décret du 6 mai 1881, exige que tous les Asiatiques, non citoyens Français, soient porteurs d'un livret.

Depuis un arrêté du 23 janvier 1885, ce livret a été remplacé par une carte individuelle. De plus, les Asiatiques qui ne sont pas sujets français doivent faire partie d'une des associations connues sous le nom de « Congrégations asiatiques ».

A la Guadeloupe, un arrêté du 18 juin 1864 soumet tous les habitants à l'immatriculation. Il en est de même au Sénégal (arrêté du 5 nov. 1847). A la Guyane, à la Martinique, les habitants doivent se

(1) Ordonnances des 21 août 1825, art. 72 et 75.
» » 9 févr. 1827, art. 75 et 78.
» » 27 août 1828, art. 74 et 77.
» » 23 juillet 1840, art. 51 et 52.
» » 7 sept. 1840, art. 54 et 56.
» » 18 sept. 1844, art. 47 et 48.
» » 26 août 1847, art. 12.

faire inscrire sur des registres spéciaux (1). Dans l'île de la Réunion, ainsi qu'à Saint-Pierre et Miquelon, on exige un permis de séjour (2).

Dans les Échelles du Levant et dans les États Barbaresques, les consuls français ont même le droit de faire arrêter et renvoyer en France par le premier navire de la nation « tout Français qui, par sa mauvaise conduite et ses intrigues, pourrait être nuisible au bien général (3) ».

Les pouvoirs extraordinaires donnés aux consuls des Échelles du Levant ont été conférés aux consuls français en Chine et dans les États de l'Iman de Mascate, par une loi du 8 juillet 1852 (art. 16 et 17), et en Perse, par une loi du 18 mai 1858 (4).

Les résidents et vice-résidents de France dans le royaume d'Annam et à Madagascar ont absolument les mêmes pouvoirs (5).

(1) Arrêté du 15 novembre 1883, abrogeant celui du 13 janvier 1829, qui exigeait un permis de séjour et la dation d'une caution; — arrêtés des 6 déc. 1880 et 19 avril 1883.

(2) Arrêtés du 12 mars 1857 et du 12 juin 1862. — A Taïti, les conditions de séjour des Océaniens étrangers sont réglées par les arrêtés des 24 février 1868, — 27 sept. 1871, — 3 oct. 1877. — Le permis de séjour a été supprimé par un arrêté du 16 février 1881.

(3) Art. 82, édit de juin 1778, maintenu par la loi du 28 mai 1836. — *Comp.* avec l'ordonn. du 3 mars 1781 et l'instruct. minist. du même jour, tit. Ier, art. 135-137 ; tit. II, art. 7 et suiv. ; — de Clercq, *Guide des consul.*, t. Ier, p. 423 ; — Cons. d'Etat, 8 déc. 1882; Recueil *Lebon*, 1882, p. 923.

(4) De Clercq, t. II, p. 447, et t. Ier, p. 424; — Trib. Seine, 1re Chambre, 10 août 1878 ; — *Gaz. des Trib.*, du 11 août 1878.

(5) Art. 13 et 14 du décret du 8 mars 1886 ; — art. 7 du traité du

APPENDICE

Projets de lois.

Nous avons vu que l'article 7 de la loi de 1849 donne au ministre de l'Intérieur un pouvoir absolument discrétionnaire à l'égard des étrangers. Il peut toujours, par simple mesure de police, enjoindre à tout étranger voyageant ou résidant en France, ou encore ayant obtenu l'autorisation d'y établir son domicile, de sortir immédiatement du territoire.

Formulée avec cette rigueur, la législation de 1849 ne sembla plus (un peu tardivement peut-être) se trouver en rapport avec les mœurs nouvelles créées par les facilités toujours croissantes des relations internationales. Cette loi ne présente pas également de garanties pour l'expulsé. Aussi un projet de loi tendant à modifier la loi de 1849 dans un sens libéral fut-il présenté à la séance du 4 mars 1882 par

8 août 1868, entre la France et Madagascar. — Le Français qui est ainsi ramené en France sur l'ordre d'un consul ne saurait être arrêté et détenu à son arrivée, son retour en France n'étant pas un retour volontaire. — Circul. du ministre des Affaires étrang. du 15 juillet 1836 n° 40 ; — Beaussant. *Code maritime*, n° 1058 ; — Pouget, *Droit maritime*, t. Ier, p. 388 ; — Caumont, *Dictionn.*, v° *Consul* ; — Féraud-Giraud, t. II, p. 88, et *Revue de Dr. int. pr.*, 1887, p. 1. et suiv. ; — de Clercq et Vallat, *Guide pratique des consul.*, t. Ier, p. 316. — Cons. d'Etat, 1855, Sir., 1855, 2, 517; Dall., 1855, 3, 54. — Si l'expulsé est indigent, il pourra obtenir des secours (Circ. minist., 18 août 1881. *Revue génér. d'administration*, 1881, t. III, p. 259).

MM. Goblet, ministre de l'Intérieur, et Humbert, garde des Sceaux (1).

« Le principe commun à ces diverses législations (Angleterre, Suisse, Belgique), dit l'exposé des motifs (2), est que, dans l'exercice de ses droits à l'égard des étrangers, l'État doit se préoccuper exclusivement de sa propre sécurité. On comprend, par suite, que si, vis-à-vis des personnes que des condamnations ont rendu justement suspectes, son action ne souffre aucune limitation il n'en soit pas de même au regard de celles dont la résidence plus ou moins prolongée sur le territoire, alors même qu'elle n'aurait pas été suivie de l'admission à domicile, offre cependant une incontestable garantie. »

C'est en s'inspirant de ces principes que le projet du Gouvernement proposait de modifier le premier paragraphe de l'article 7 de la loi de 1849. Les auteurs de cette proposition ne veulent pas dépouiller le Gouvernement du droit qui lui appartient envers ceux qui troubleraient la sécurité de l'État; mais ils enlèvent au droit d'expulsion ce qu'il peut présen-

(1) Déjà, en 1881 (*V.* la séance du 3 févr. 1881), un projet de loi ayant pour objet l'abrogation pure et simple des articles 7, 8 et 9 de la loi de 1849 avait été proposé à la Chambre des députés par M. Talandier et plusieurs de ses collègues. — *V.* le rapport sommaire de M. Trouard-Riolle sur cette proposition, dans lequel il demande, au nom de la vingt-troisième commission d'initiative, que ce projet ne soit pas pris en considération.

(2) Chambre des députés, Exposé des motifs. *Doc. parlem.*, 1882, p. 485.

ter d'excessif et d'arbitraire. Le projet de loi fut donc ainsi conçu. Article unique : « Le paragraphe premier de l'article 7 de la loi des 3 et 11 décembre 1849 est ainsi modifié : le ministre de l'Intérieur *pourra* enjoindre, par mesure de police, à tout étranger voyageant ou résidant en France, de sortir du territoire français et le faire conduire à la frontière, lorsque cet étranger aura été condamné par les tribunaux français ou étrangers pour *crimes ou délits de droit commun*.

« Tout étranger qui compromettrait la sécurité de l'État pourra être également expulsé en vertu d'un *décret rendu en Conseil des ministres*. »

D'après ce projet, le droit reste donc le même pour les étrangers rendus suspects au Gouvernement par des condamnations de droit commun ; mais il est sensiblement modifié quant aux étrangers qui n'ont pas subi de condamnations. Ceux-ci, qu'ils voyagent en France, qu'ils y résident ou y soient domiciliés, ne peuvent être expulsés « qu'en vertu d'un décret rendu en Conseil des ministres » et seulement « s'ils compromettent la sécurité de l'État ». Cette seconde catégorie d'étrangers sera donc un peu mieux garantie que par le passé contre l'action arbitraire du Gouvernement. Quant aux préfets des départements frontières, l'exposé des motifs nous dit lui-même qu'ils doivent conserver leur droit à l'égard des étrangers non résidants.

Déjà, dans la séance du 13 février 1882, M. Naquet avait proposé une loi ainsi conçue. Article unique : « A partir de la promulgation de la présente loi, les dispositions des articles 7, 8 et 9 de la loi des 3-11 décembre 1849 ne seront applicables que dans les circonstances suivantes :

« 1° En cas de guerre déclarée entre la France et une puissance étrangère ;

« 2° En cas d'insurrection à main armée dans une portion quelconque du territoire de la République, et jusqu'à ce que l'ordre soit rétabli (1). »

La commission chargée d'examiner le projet de loi du Gouvernement s'occupa également de la proposition de M. Naquet et de plusieurs amendements déposés sur le même sujet.

Le premier de ces amendements signé de MM. Camille Pelletan, Tony-Révillon, Ernest Lefèvre, etc... demande purement et simplement l'abrogation des articles 7, 8 et 9 de la loi de 1849, c'est-à-dire d'enlever complètement au Gouvernement le droit d'expulser les étrangers.

Ce système radical fut défendu au sein de la Commission par deux de ses membres qui invoquèrent en faveur de leur proposition des considérations

(1) Chambre des Députés, 1882, *Docum. parlem.*, p. 372, annexe n° 419. — *Voir* à l'annexe n° 589, p. 773, le rapport sommaire fait au nom de la troisième commission d'initiative parlementaire, chargée d'examiner cette proposition de loi, par M. Beauquier, et tendant à la prise en considération du projet.

tirées des traditions généreuses de la France, de l'intérêt de sa dignité, des droits de la fraternité internationale et des principes de la Révolution française. Sans nier le danger qui résulte de l'invasion de vagabonds, de malfaiteurs ou d'espions étrangers, ils estiment qu'on peut y parer en les déférant aux tribunaux et en leur appliquant les lois pénales que l'on pourrait renforcer au besoin. Mais cette proposition fut repoussée par la majorité de la commission, car elle lui sembla périlleuse pour la sûreté de la France et contraire à l'intérêt supérieur de notre sécurité nationale.

Sans revenir sur ce que nous avons dit ailleurs, lorsque nous avons reconnu à l'État le droit d'expulsion, nous ferons remarquer qu'en matière internationale, il y a des faits qu'il peut être délicat de soumettre à une poursuite publique et qu'il y en a d'autres qu'il est même impossible d'atteindre judiciairement. Or, ces derniers sont souvent les plus redoutables ; ensuite, une condamnation a ce grand inconvénient de ne pas purger le territoire des mauvais éléments qui l'infestent. On ne peut obtenir ce résultat que par l'expulsion, mesure à la fois prompte et efficace.

Sans aller si loin, M. Naquet voudrait qu'on ne se servît de l'expulsion à l'égard des étrangers qu'en cas de guerre étrangère ou de guerre civile ; mais M. Naquet ne remarque pas que le danger contre lequel il veut armer le Gouvernement n'existe pas seulement en temps de guerre, mais aussi en temps de paix, sous forme d'envahissement, de malfaiteurs de toutes sortes et surtout d'indigents et de vagabonds.

Dans un autre amendement, M. Escanyé demande à substituer l'internement à l'expulsion, qui ne subsisterait plus que pour le récidiviste étranger condamné par les tribunaux français ou étrangers pour crimes ou délits de droit commun. Quant aux étrangers qui compromettraient la sécurité de l'État, le ministre de l'Intérieur aurait simplement le droit de les astreindre à se rendre dans une localité déterminée et à y demeurer pendant un laps de temps qui ne pourra excéder une année. On ne pourrait les expulser que s'ils enfreignaient cet ordre.

Cet amendement rappelle tout à fait la loi du 21 avril 1832 sur les réfugiés politiques dont nous avons parlé antérieurement. Mais les raisons qui firent voter la loi de 1832 ne se comprennent plus aujourd'hui où l'on n'a pas à se plaindre de l'affluence d'un grand nombre de réfugiés. D'ailleurs, l'internement serait tout aussi préjudiciable aux intérêts des étrangers que l'expulsion. Dans l'un comme dans l'autre cas, on détruit souvent les moyens de subsistance de l'étranger. Donnerait-on alors des secours aux internés ? Ce serait créer une situation aux gens sans aveu, aux dépens de nos finances, car ceux-ci s'empresseraient de troubler l'ordre public pour bénéficier des largesses de la loi.

De plus, le projet de M. Escanyé, comme celui de M. Pelletan, forcerait le Gouvernement à conserver en France des hommes qu'il considère comme dangereux pour la sûreté de l'État.

Reste enfin un dernier amendement proposé par M. Talandier, qui voudrait que l'étranger qui compromettrait la sécurité de l'État ne pût être expulsé qu'à deux conditions : lorsqu'il aurait été condamné par les tribunaux français pour crimes ou délits de droit commun et seulement en vertu d'un décret rendu en Conseil des ministres. La Commission rejeta encore cette proposition en faisant remarquer que, lorsque la sécurité de l'État ou des personnes était menacée, il était inutile et périlleux d'exiger d'aussi nombreuses conditions pour autoriser l'expulsion.

Enfin, certains députés avaient demandé que l'on retranchât du texte de la première phrase du projet du Gouvernement les mots « ou étrangers » ; c'est-à-dire que ces députés voudraient que l'expulsion n'ait jamais pour cause une condamnation encourue à l'étranger. D'autres voulaient maintenir au ministre seul le droit d'expulser les étrangers qui ont déjà été l'objet d'une mesure d'expulsion. Ces diverses modifications furent repoussées.

La Commission, tout en adoptant le projet présenté par le Gouvernement, y apporta une innovation en y ajoutant un troisième paragraphe ainsi conçu :

« Toutefois, à l'égard de l'étranger qui aura obtenu l'autorisation d'établir son domicile en France ou qui y résidera d'une façon permanente depuis plus de trois ans, la mesure d'expulsion cessera d'avoir effet après un délai de deux mois, si elle n'a pas été confirmée par décision du Gouvernement rendue après avis du Conseil d'État (1). »

Ce texte n'est autre que la reproduction du paragraphe 2 de l'article 7 de la loi de 1849, avec cette différence que l'on étend aux étrangers résidant depuis trois ans en France le bénéfice accordé à ceux qui ont obtenu l'autorisation d'y établir leur domicile. Ce terme de trois ans n'a pas été pris au hasard; nous le retrouvons dans la loi de 1867 sur la naturalisation, et c'est assurément là qu'on l'a pris.

L'innovation de la Commission est, croyons-nous, fort heureuse, car lorsqu'un étranger se trouvera dans les conditions prévues par le texte, lorsqu'il aura acheté des propriétés ou qu'il gérera un grand établissement industriel, quand il aura épousé une Française ou marié ses enfants à des Français, il offrira assurément des gages aussi sérieux que l'étranger qui a reçu l'autorisation de fixer son domicile dans notre pays. Il est vrai qu'il ne dépend que de ces étrangers de se mettre à couvert en demandant l'autorisation à domicile, mais pratique-

(1) Séance du 29 mars 1882. — Rapport de M. Legrand (de Valenciennes). *Docum. parlem.*, 1882, p. 946, annexe n° 656.

ment, il est prouvé que les étrangers qui demandent cette autorisation forment le très petit nombre. Ceux qui la réclament sont ceux seulement qui veulent se faire naturaliser. Les autres ignorent cette procédure, négligent d'y recourir ou reculent devant l'enquête administrative ou le payement des droits exigés qui sont assez élevés.

La première délibération sur le projet de la Commission qui fut approuvé par le Gouvernement eut lieu le 9 mai 1882 ; le premier paragraphe fut adopté (1).

Dans une seconde séance du 11 mai, la Chambre adopta les deux derniers paragraphes du projet (2).

(1) Dans cette première séance, le projet Pelletan fut repoussé par 312 voix contre 125 ; — celui de M. Naquet par 326 voix contre 75. M. Duclaud déposa un amendement tendant à placer après les mots « aura été condamné » ces autres mots « en dernier ressort et si le jugement est définitif ». Cet amendement fut repoussé dans la séance du 29 juin. M. Goblet répondit à M. Duclaud par un exemple qui montre que sa proposition n'est pas acceptable : Un individu a commis un délit à l'étranger ; il est poursuivi, il se sauve, il est condamné par contumace et le Gouvernement ne pourrait pas l'expulser, tandis qu'il pourrait expulser celui qui aurait été condamné d'une manière définitive. Mais voici mieux encore : Un étranger est condamné en première instance ; au lieu de se pourvoir en appel, s'avouant coupable, il se sauve et vient chez nous. Serait-on alors forcé de faire prononcer sur son appel à l'étranger avant d'avoir le droit de l'expulser ? — C'est inadmissible.

(2) M. Lefèvre proposa, dans cette séance du 11 mai, une disposition additionnelle ainsi conçue : « Il en sera de même pour l'étranger qui, par une déclaration à la municipalité de sa résidence, aura réclamé l'hospitalité française en qualité de réfugié politique et dont la déclaration aura été confirmée par deux citoyens fran-

Enfin, le 29 juin, eut lieu une deuxième délibération et l'ensemble de la loi fut définitivement adopté. Seulement, dans cette troisième séance, M. Dubost proposa de supprimer à la fin du paragraphe ajouté par la Commission les mots « rendue après avis du Conseil d'État ».

Le Conseil d'État est chargé de donner des avis que le Gouvernement est libre de suivre ou de ne pas suivre ; c'est un corps purement consultatif. Le Gouvernement aurait le droit de prendre une mesure d'expulsion et de la faire exécuter, puis, quand le fait aura été accompli, il faudrait le soumettre à la critique et au contrôle du Conseil d'État statuant en matière administrative. Il est impossible de l'admettre. Ce serait établir le Conseil d'État non seulement juge de propositions ministérielles, mais des actes mêmes de chaque ministre. Or c'est là le rôle des représentants du pays. Celui du Conseil d'État est non pas de discuter des questions gouvernementales et politiques, mais de discuter des ques-

çais investis d'un mandat électif législatif, départemental ou municipal. » M. Goblet dit qu'en 1881, sur 5,210 expulsions, il y en eut trois seulement pour cause politique. Au reste, la confirmation faite par les deux citoyens dont parle M. Lefèvre n'offre pas une garantie suffisante. De plus, cette simple déclaration vaudrait l'admission à domicile ou la résidence de trois ans ; or, il serait trop facile, en faisant cette déclaration, de dispenser des conditions imposées par la loi. — M. Lefèvre retira sa proposition pour la représenter devant la Commission qui lui promit d'en délibérer. — L'amendement de M. Talandier fut repoussé dans cette même séance, après un long discours de ce député.

tions de Droit, de fixer le Droit. Pour assurer une régulière et féconde application des lois, il importe de maintenir rigoureusement chaque pouvoir dans la limite précise de ses attributions et de son rôle ; autrement c'est l'incohérence et l'arbitraire. C'est à la suite de semblables raisonnements que la Chambre adopta la suppression des derniers mots du troisième paragraphe du projet de la Commission.

M. le marquis des Roys proposa également, dans cette troisième séance du 29 juin, un article additionnel qui fut adopté. Cet article porte que « le séjour sur le territoire de la République est interdit à tout individu qui, né Français, excipera, pour se soustraire aux obligations militaires de sa classe, de la qualité d'étranger acquise sans avoir obtenu l'autorisation prévue par le décret du 26 août 1811 ».

Nous devons ajouter que lors de la discussion du projet de loi de 1882, la loi de 1849 eut encore des partisans. Certains députés firent remarquer que la distinction entre les crimes de droit commun et les crimes politiques est parfois très délicate. Ensuite, l'expression « compromettre la sécurité de l'État » est bien vague. Si elle implique la nécessité d'un véritable péril pour « la sécurité de l'État », il en résulte une restriction très imprudente de la liberté d'action du Gouvernement, puisque, dorénavant, ce serait le Conseil des ministres et non le ministre de l'Intérieur qui devrait rendre l'arrêté d'expulsion.

Si au contraire cette expression est prise dans le sens de tranquillité, il n'y a aucun changement apporté à la loi de 1849, si ce n'est toujours la nécessité de rendre un décret en Conseil des ministres.

La nécessité de rendre un décret pourra d'ailleurs être défavorable à l'étranger au lieu de lui servir de garantie, car il est plus facile de rapporter un simple arrêté qu'un décret inséré au *Journal officiel*.

Malgré ces critiques, nous pensons que le projet adopté par la Chambre est supérieur à la loi de 1849. Et d'abord lorsqu'exceptionnellement un cas douteux se présentera où une condamnation politique se cachera sous une imputation de droit commun, le Conseil des ministres sera là pour vérifier la nature de l'inculpation. On reproche encore le vague des expressions du deuxième paragraphe du projet, mais on oublie qu'en pareille matière il est difficile de préciser davantage. La sécurité de l'État est compromise toutes les fois qu'un acte peut faire naître des périls soit à l'intérieur du pays soit à l'extérieur. Or, le Gouvernement est astreint à démontrer que cette sécurité a été mise en danger. Il est obligé de donner à sa décision le poids d'une résolution mûrement réfléchie, la publicité d'un décret et la sanction de sa responsabilité collective. Que veut-on de plus ? — On objecte que cet ensemble de formes solennelles rendra plus difficile au Gouvernement la faculté de retirer la mesure. Mais ce retrait ne sera d'abord qu'une exception et ensuite toutes ces formes que l'on blâme auront justement pour effet de rendre le Gouvernement très circonspect et par suite les expulsions plus rares. Un arrêté pris inconsidérément risquerait de faire tomber tout le Ministère et d'amener une crise ; on évitera donc d'expulser sans justes motifs.

Si, à certains points de vue, le projet de 1882 réalise de véritables progrès, si les conditions dans lesquelles l'expulsion doit se produire sont un peu mieux fixées et si les garanties accordées aux étrangers sont supérieures aux précédentes, il est à regretter que la peine édictée par l'article 8 de la loi de 1849 ne soit pas plus sévère (1). Les étrangers expulsés de France ne sont en aucune façon arrêtés par la peine légère dont ils seront frappés s'ils violent l'arrêté pris contre eux. Aussi voyons-nous dans la pratique une quantité d'expulsés condamnés trois ou quatre fois, souvent plus, pour être rentrés en France (2). Il

(1) On devrait tout au moins pouvoir élever la peine en cas de récidive, tandis que nous avons vu que les articles 57 et 58, C. pén., ne sont point applicables.

(2) Aff. Gillebert, aff. Morphy, etc....., déjà citées. Mlle de Sombreuil a été expulsée pour la première fois après avoir subi la peine d'un mois de prison que lui avait infligée, en 1883, le tribunal de Lyon. A partir de ce moment, nous trouvons trois condamnations à son actif pour infraction à l'arrêté d'expulsion. — Trib. de la Seine, 8 avril 1884, 1 jour de prison; — 25 août 1884, 2 jours de prison; — 15 novembre 1886, 1 mois de prison. — Il est à remarquer que les

serait donc à désirer que la peine énoncée dans l'article 8 de la loi de 1849 soit sensiblement augmentée Cette mesure empêcherait les étrangers de violer constamment la loi et permettrait à l'État d'éviter les énormes dépenses qu'il fait, soit en retenant dans les prisons les condamnés étrangers, soit en les faisant ensuite reconduire à la frontière.

tribunaux se montrent en général très peu sévères pour ce genre d'infraction, ce qui augmente pour les étrangers la facilité de revenir en France.

CHAPITRE II

LOIS ÉTRANGÈRES

Toutes les nations, à l'exception de l'Angleterre et de la Grèce, reconnaissent au Gouvernement le droit d'expulser les étrangers.

En Grèce, l'article 4 du Code de procédure pénale porte qu' « une loi spéciale déterminera les cas et les formalités relatives à la remise des étrangers aux autorités étrangères, en raison des délits et des crimes par eux commis à l'étranger ». Cette loi spéciale n'a pas encore été faite, aussi les malfaiteurs trouvent-ils un refuge assuré en Grèce, où ils ne peuvent ni être expulsés ni être extradés (1).

Quant à l'Angleterre, si elle s'est toujours refusée à formuler une loi définitive sur l'expulsion, elle a du moins permis plusieurs fois au Gouvernement de faire reconduire à la frontière les étrangers qui avaient compromis la sécurité publique. C'est ainsi que l'Alien Bill de 1792 exigeait que les étrangers venant en Angleterre fassent, immédiatement après

(1) V. cependant pour l'extradition la convention du 25 mai 1855 (art. 6) avec la Turquie, au sujet des déserteurs, et le traité avec l'Italie, des 5 et 18 nov. 1897 ; — de Martens, 2me série, IV, p. 329 ; — P. Fiore. *Op. cit.*, p. 117.

leur arrivée, à l'officier de la douane, une déclaration écrite portant leur nom, leur rang et leur profession. S'ils ne faisaient pas cette déclaration ou s'ils en faisaient une fausse, ils étaient renvoyés du royaume ; s'ils se trouvaient en Angleterre après le temps déterminé pour leur départ, ils étaient déportés pour la vie. Le capitaine de navire qui débarquait un étranger lorsque l'entrée du pays lui avait été interdite était puni d'une amende de 50 liv. st. et son vaisseau était confisqué.

Les magistrats et les juges de paix pouvaient en outre demander à tout étranger d'exhiber son passeport « faute duquel, ou en cas que l'étranger ne se rendît pas *bona fide* au lieu de résidence fixé, les magistrats susdits pouvaient le faire détenir dans la prison publique ou le faire garder comme ils le jugeraient à propos » (art. 11). Tout étranger qui n'était pas mis en liberté par ordre du Roi pouvait être retenu en prison pour un temps qui ne devait pas excéder un mois. A l'expiration de sa peine, il recevait l'ordre de quitter le royaume dans un temps déterminé. Si, après ce temps, il était trouvé en Angleterre, il était comme précédemment déporté pour la vie. Enfin, ces déportés pouvaient être punis de mort s'ils rompaient leur ban.

L'Alien Bill fut prorogé de deux ans en deux ans jusqu'en 1814 et remplacé alors par un autre qui dura jusqu'en 1826.

La dernière loi de ce genre fut votée en 1848 et seulement pour un an; en fait, elle ne fut jamais appliquée.

Sauf ces quelques exceptions, les étrangers ont toujours joui en Angleterre du privilège de l'*habeas corpus* qui n'est pas une garantie restreinte aux nationaux (1).

Les événements d'Irlande paraissent devoir entraîner quelques restrictions temporaires à cette législation libérale. Le Coercion Bill (2) avait permis au Gouvernement anglais de se débarrasser des agitateurs d'origine irlandaise qui venaient d'Amérique. L'autorité administrative irlandaise avait le droit de faire détenir les suspects, sans aucun jugement. Le Gouvernement des États-Unis adressa des réclamations en faveur de ses nationaux et le 22 juin 1882, la Chambre des communes vota un bill (pour la prévention des crimes) dont l'article 12 autorise le Gouvernement à expulser d'Irlande ou d'Angleterre tout individu dont la présence pourrait porter atteinte à la tranquillité publique. Mais cette loi n'est qu'une loi de circonstance, qui ne saurait être considérée comme définitive.

Quant aux autres législations étrangères, qui re-

(1) Art. de M. Louis Renault, t. VIII. *Bull. de la Société de lég. comp.*, p. 175.

(2) Coercion Act, 2 mars 1881. *Annuaire de législ. étrang.*, 1882, p. 27.

connaissent toutes le droit d'expulsion, nous pourrions les classer de diverses manières en les réunissant en certains groupes offrant entre eux des différences essentielles.

Ici, en effet, nous trouvons des lois spéciales sur l'expulsion des étrangers (Belgique, Suisse, Espagne, etc...) ; là, au contraire, ce droit est pratiqué comme une conséquence directe de la souveraineté sans aucune loi particulière (Allemagne, Russie, etc...).

Certains pays admettent encore un recours pour l'expulsé (Autriche, Hollande); d'autres ne permettent pas aux tribunaux de connaître d'une semblable mesure (Belgique, Espagne, etc...).

Il y a encore des législations qui excluent de l'expulsion certaines catégories d'étrangers (Belgique, Hollande, etc...), et d'autres qui les soumettent tous à ce droit du Gouvernement (Suisse, Allemagne, Russie, etc...). Mais toutes ces classifications nécessiteraient des renseignements encore plus précis que ceux que nous possédons, et qu'il est impossible, croyons-nous, de se procurer en raison de la nature même du droit d'expulsion ; aussi croyons-nous préférable de passer simplement en revue les diverses législations étrangères (1).

(1) Nous n'avons cité que certaines différences pouvant servir de base à une classification. Il y en a d'autres moins essentielles, au moyen desquelles on pourrait également classer les législations

Allemagne. — Il n'existe en Allemagne aucune loi qui réglemente le séjour des étrangers. Le Code pénal (31 mai 1870) dit seulement, dans son article 39-2°, que l'étranger condamné à la surveillance peut être expulsé du territoire fédéral par une décision des autorités supérieures de police.

Aux termes du § 30 (*in fine*) de la loi prussienne du 30 juin 1883, sur l'organisation administrative, il est également défendu à toute personne n'ayant pas la nationalité de l'Empire d'attaquer devant les juridictions administratives la mesure de bannissement dont elle aurait été l'objet.

Mais l'expulsion peut être prononcée dans d'autres cas et la police a même sur les étrangers un pouvoir discrétionnaire complet. Une application fort large en a été faite en 1832, au moment de l'agitation polonaise, dans le duché de Posen et dans la Silésie. L'expulsion rejeta vers la France la plupart des insurgés. En 1878, les attentats de Hœdel et de Nobiling ont encore donné lieu à de nombreuses expulsions et à une loi spéciale contre les socialistes étrangers (1).

étrangères. Chez les unes, l'arrêté doit être pris en Conseil des ministres, chez d'autres par le ministre de l'Intérieur. Certaines distinguent entre les étrangers de passage et les résidants; d'autres ne font aucune distinction. Dans plusieurs nations, la mise à exécution de l'arrêté est immédiate; dans d'autres, elle n'a lieu qu'après un certain délai.

(1) Loi du 21 oct. 1878. — *V.* également la loi du 4 juillet 1873 contre les jésuites et les congrégations affiliées, et la loi du 24 aoû,

L'expulsion peut s'étendre à toute l'étendue de l'Empire ou seulement à certains États; l'infraction à l'arrêté est puni de un jour à six semaines d'arrêt (1).

Autriche. — L'article 2 de la loi autrichienne du 27 juillet 1871 porte que « les personnes qui n'auront pas leur domicile légal sur le territoire pourront, si leur présence est reconnue intolérable pour des motifs d'intérêt, d'ordre et de sécurité publics, être expulsées de tout ou partie dudit territoire ».

L'expulsion est, en outre, prononcée par mesure de police contre les vagabonds, gens sans aveu, filles publiques, détenus libérés, etc..... à temps ou à perpétuité. — L'article 5 détermine quelles sont les autorités aptes à rendre l'arrêté d'expulsion : direction de la province, autorités gouvernementales ou municipales dans le ressort du tribunal de première instance.

L'expulsion est, comme en Danemark, exécutée de deux façons : ou bien au moyen d'un passeport avec itinéraire obligatoire, ou bien simplement en faisant conduire l'étranger à la frontière par la police.

Un recours est possible contre l'arrêté d'expulsion dans l'espace de trois jours à partir de sa notifi-

1877, relative à l'Alsace-Lorraine, avec le rescrit de M. de Manteuffel déjà cité. (*Journ. de Dr. int. pr.*, 1834, p. 477 et suiv.) *Bullet. de la Société de lég. comp.*, 1879, p. 124 et 1884, p. 678.

(1) Code pénal, art. 361-2°.

cation (art. 7). Il est porté devant le Gouvernement de la province qui statue en dernier ressort. On peut aussi recourir au souverain, comme en Hollande, dans le même délai de trois jours. En attendant la sentence, l'étranger pourra être détenu (1).

Belgique.— En Belgique, l'expulsion des étrangers est régie par la loi du 9 février 1885 (2). L'article 1er de cette loi s'exprime en ces termes : « L'étranger résidant en Belgique qui, par sa conduite, compromet la tranquillité publique ou celui qui est poursuivi ou qui a été condamné, à l'étranger, pour les crimes ou délits qui donnent lieu à l'extradition, peut être contraint par le Gouvernement de s'éloigner d'un certain lieu, d'habiter dans un lieu déterminé, ou même de sortir du royaume.

« L'arrêté royal enjoignant à un étranger de sortir du royaume parce qu'il compromet la tranquillité publique sera délibéré en Conseil des ministres. »

Cet arrêté royal sera signifié par huissier à l'intéressé auquel on accorde toujours un jour franc au moins, à dater de la signification. L'étranger désignera la frontière par laquelle il désire sortir et re-

(1) Millet. *Loc. cit.*

(2) Pasinomie, 1885, n° 33 ; — *Journ. de Dr. int. pr.*, 1885, p. 342 et 343. Les lois antérieures sur l'expulsion des étrangers sont les lois des 22 sept. 1835, 7 juillet 1865, 17 juillet 1871, 15 mars 1874, 2 juin 1874, 1er juillet 1880 ; — Goddyn et Mahiels. *Le droit crim. Belge*, p. 82 et suiv. — La loi de 1885 n'est obligatoire que jusqu'au 1er février 1888.

cevra une feuille de route réglant l'itinéraire de son voyage et la durée de son séjour dans chaque lieu où il doit passer. S'il contrevient à ces dispositions, il sera conduit hors du royaume par la force publique.

Le Gouvernement peut, en outre, enjoindre de sortir du royaume à l'étranger qui quittera la résidence qui lui aura été désignée.

L'étranger qui, après avoir été expulsé, rentre de nouveau en Belgique pourra être poursuivi et condamné à un emprisonnement de quinze jours à six mois; à l'expiration de sa peine, il sera reconduit à la frontière.

Toutefois, certains étrangers sont à l'abri de toute expulsion pourvu que la nation à laquelle ils appartiennent soit en paix avec la Belgique. Ce sont : 1° l'étranger autorisé à établir son domicile dans le royaume; 2° l'étranger marié avec une femme belge dont il a un ou plusieurs enfants nés en Belgique pendant sa résidence dans le pays; 3° l'étranger décoré de la croix de fer; 4° l'étranger qui, marié avec une femme belge, a fixé sa résidence en Belgique depuis plus de cinq ans et a continué à y résider d'une manière permanente; 5° l'individu né en Belgique d'un étranger et qui y réside, lorsqu'il se trouve dans le délai d'option prévu par l'article 9 du Code civil.

La loi ajoute, dans son article 7, «qu'il sera rendu compte annuellement aux Chambres de l'exécution de la présente loi ». Les arrêtés d'expulsion pris en vertu de lois antérieures sont maintenus.

Il est à remarquer que la loi de 1885 ne s'applique qu'à l'étranger résidant. Quant aux étrangers non-résidants, il sont soumis à l'ancienne loi française du 23 messidor an III qui permet de les expulser lorsqu'ils troubleront la tranquillité publique. Cette loi exigeait même la présentation d'un passe-port; mais depuis 1861 cette formalité a été supprimée en Belgique (1).

Peuvent encore être expulsés à l'expiration de leur peine les vagabonds et mendiants étrangers condamnés à rester un certain temps à la disposition du Gouvernement. « Si les indigents sont étrangers, dit l'article 3 de la loi du 3 avril 1848, sur la mendicité, et s'il est reconnu qu'ils n'ont pas acquis de domicile de secours en Belgique (2) ou qu'ils n'appartiennent pas à un pays avec lequel le Gouvernement a conclu un traité pour le remboursement des frais de secours, ils seront reconduits à la frontière. » Cette disposition est obligatoire même à l'égard des individus ayant leur résidence en Belgique.

Il est une autre catégorie d'étrangers dont on ne tolère même pas la présence sur le territoire belge, ce sont ceux qui ne peuvent justifier de ressources

(1) Goddyn et Mahiels. *Op. cit.*, p. 12 et p. 74.

(2) L'étranger acquiert un domicile de secours en Belgique dans la commune où il a habité pendant cinq années *consécutives*, nonobstant des absences momentanées.

suffisantes pour pourvoir à leurs moyens d'existence (art. 3 de l'arrêté-loi de 1830).

La Cour de cassation décida, en 1848, que cet arrêté n'avait plus aucun effet à cause de son caractère essentiellement temporaire (1) ; mais le Gouvernement n'a pas partagé cette manière de voir. Cette loi en effet chargeait les commandants de place et ceux des gardes-bourgeoises établies dans les communes frontières de n'accorder l'entrée de la Belgique qu'aux étrangers qui pourraient justifier des motifs qui les y amènent et de renvoyer ceux qui n'auraient pas de ressources suffisantes pour subvenir à leurs besoins. Or, le Gouvernement a étendu cette délégation en autorisant les chefs de gendarmerie et ceux de la police communale à assurer le départ de ces étrangers sans les retenir inutilement à la disposition de l'administrateur de la sûreté publique (2).

La police, la surveillance et le renvoi des étrangers rentrent dans les attributions de l'administrateur de la sûreté publique qui a été chargé spécialement, par un arrêté royal du 9 janvier 1832, de « surveiller l'exécution des lois et règlements sur la police générale, sous l'autorité du ministre de la Justice ».

(1) Il avait été pris à la suite des événements de septembre. (Cass. belge, 12 janv. 1848; *Pasicris*. 1848, p. 243.)

(2) *V.* dans Goddyn et Mahiels, *op. cit.*, p. 77 et suiv., les circulaires adressées à ce sujet au colonel de gendarmerie et aux gou-

Ce fonctionnaire, qui doit être renseigné sur le compte de tout étranger arrivant en Belgique, reçoit des autorités communales :

1° Un extrait indiquant, jour par jour, les noms des étrangers inscrits sur les registres que les hôteliers, aubergistes et logeurs sont obligés de tenir, aux termes de l'article 555 du Code pénal ;

2° Un bulletin de renseignements concernant tout étranger qui manifeste l'intention de se fixer dans une commune du royaume;

3° Un bulletin annonçant le départ de ceux qui désirent quitter la Belgique ou qui sont partis furtivement de leur domicile;

4° Une copie des actes de mariage et de décès concernant les étrangers;

5° Un rapport sur tous les faits de quelque gravité qui pourraient être constatés à la charge d'un étranger (1).

Bosnie et Herzégovine. — Les articles 5 à 10 du règlement de police du 17 avril 1885, relatif aux passeports et publié à Serajevo le 4 mai 1885, s'occupent également de l'expulsion des étrangers.

Tout étranger résidant dans le pays doit être pourvu d'un passeport en bonne et due forme, délivré par les autorités de son pays (art. 5). Ce passe-

neurs par l'administrateur de la Sûreté publique, le 18 avril 1850 et le 11 janv. 1852.

(1) Goddyn et Mahiels. *Op. cit.*, p. 81.

port devra avoir été visé par un agent consulaire ou diplomatique de l'Autriche.

Aussitôt après avoir franchi la frontière de la province, l'étranger est requis de montrer lui-même son passeport à l'autorité administrative et de fournir tous les renseignements qui lui seront demandés (art. 6). (1)

Les étrangers, arrivant sans passeport ou dont les papiers ne remplissent pas les conditions prescrites par les articles 5, 6 et 7 de la loi « seront gardés, s'ils paraissent suspects, jusqu'à ce qu'ils aient prouvé leur identité et punis, comme il est dit à l'article 10 (2); s'ils ne peuvent justifier des motifs de leur séjour, ils seront, à l'expiration de leur peine, conduits au delà de la frontière (art. 8) ». Et l'article 9 ajoute : « Tout étranger dont la conduite est suspecte ou dont le séjour dans le pays semble dangereux pour la paix publique pourra être expulsé du pays par les autorités du district ou par le commissaire de police de la ville de Serajevo et, si c'est nécessaire, transporté de force au delà de la frontière (3). »

Danemarck. — D'après la loi du 15 mai 1875, l'ex-

(1) L'article 7 contient des dispositions particulières pour le cas où l'étranger vient de l'Autriche-Hongrie.

(2) L'article 10 est ainsi conçu : « Les personnes qui contreviendraient au règlement ci-dessus seront punies d'une amende de 2 à 500 florins et de trente jours de prison au maximum. »

(3) *Journal de Droit int. privé*, 1885, p. 475,

pulsion peut être prononcée en Danemarck par le ministre de la Justice. Le Gouvernement a au reste des pouvoirs très étendus en matière d'expulsion pour cause d'utilité publique et par mesure gouvernementale.

Un passeport est exigé seulement des sujets d'un État qui soumet les Danois à cette même formalité. Les bateleurs, musiciens, bohémiens, etc..., ne sont pas admis à pénétrer sur le territoire de l'État.

Les ouvriers qui viennent chercher du travail doivent établir leur identité à l'aide de pièces émanant d'autorités de leur pays d'origine (art. 1).

Les étrangers sans moyens d'existence et qui n'ont pas obtenu le droit d'établissement en Danemark sont expulsés (art. 2). Ceux qui désirent se placer comme ouvriers ou domestiques doivent s'adresser au commissaire de police. Si, après enquête, le commissaire constate que « l'étranger est en état de pourvoir à son existence par un travail honorable », il lui délivre un livret de séjour (*opholdsbog*), (art. 3 et 4). Une fois que l'ouvrier sera en possession de ce livret, s'il désire voyager il devra se présenter à la police des différentes villes où il ira. Si, après huit jours, il n'a pas trouvé de travail et s'il n'a pas de moyens d'existence suffisants, il pourra être expulsé (art. 5 et 6). Il en sera de même s'il est resté huit jours sans travailler.

Comme en Belgique et dans les Pays-Bas, certains

étrangers ne peuvent être expulsés : ce sont ceux qui ont obtenu le domicile de secours, le droit d'établissement ou l'indigénat (1).

On exécute la mesure d'expulsion de deux façons différentes, suivant qu'il s'agit du renvoi (*udsendelse*) ou de l'expulsion proprement dite. Un étranger renvoyé est conduit à la frontière par la police. Celui qui est expulsé reçoit un passeport pour se rendre directement à la frontière à l'aide des fonds qui lui sont attribués pour frais de route par les autorités locales (2).

Espagne. — En Espagne, l'expulsion des étrangers est organisée par la loi de 1852 (art. 13, 14, 15 et 16) et par l'ordonnance royale de juin 1858 (art. 3, 4, 9, 11 et 15).

L'étranger qui s'introduit en Espagne sans présenter un passeport peut être puni « comme désobéissant » d'une amende de 100 à 1000 réaux et expulsé par acte gouvernemental rendu conformément aux renseignements de l'autorité civile.

Quand un étranger arrive sans passeport régulier dans un port ou dans une ville de la frontière, il peut être détenu par les autorités espagnoles qui devront s'empresser d'en donner avis au Gouvernement par l'intermédiaire du ministre de la Police (ministerio

(1) On exige un séjour de deux à cinq ans.

(2) V. dans P. Fiore, *op. cit.*, p. 110, le résumé de la loi de 1875 fait par M. Cogordan.

della gobernacion) « en exposant la situation de l'étranger, s'il est vagabond ou s'il cherche un refuge pour se soustraire aux poursuites de ses juges naturels ». Le Gouvernement, après avoir pris communication des différents rapports à lui adressés, « les ministres d'État et de la Police procédant toujours d'accord », pourra expulser l'étranger ou lui assigner un lieu de résidence (art. 14).

La même chose se pratiquera, dit l'article 15, lorsqu'il arrivera en Espagne des groupes d'émigrés, sans pouvoir préjuger ce que le Gouvernement pourra disposer pour les obliger à déposer les armes, s'ils s'étaient présentés armés.

L'étranger qui n'obéira pas à l'ordre d'expulsion sera passible de la peine édictée par l'article 285 du Code « en considérant à cet effet la désobéissance comme grave parce que l'ordre d'expulsion est donné pour motif d'ordre public » (art. 16). A l'expiration de la peine on reconduira l'étranger à la frontière.

D'après l'ordonnance de 1858, l'étranger oisif qui vient pour mendier sera renvoyé dans son pays. Si c'est un émigré politique, on l'invite à choisir pour sa résidence un pays à 120 kilomètres de la frontière de France ou de Portugal.

Les émigrés ne peuvent changer de résidence sans l'autorisation du Gouvernement. Il leur faut en outre une feuille de route contenant certaines mentions particulières prescrites dans l'article 7 de l'ordonnance. Une fois sortis d'Espagne, les émigrés ne peuvent y être admis de nouveau « sans motifs graves, à l'appréciation du Gouvernement » (art. 11) (1).

Italie. — En Italie, la matière de l'expulsion se trouve réglée par diverses dispositions dispersées dans le Code pénal (art. 439-446-447 du Code pén. sarde), la loi de sûreté publique du 20 mars 1875, l'article 86 du règlement du 18 mars 1865 et les instructions du ministre de l'Intérieur du 20 février 1860 (par. 27) ; mais, comme en Allemagne, il n'existe aucune loi spéciale sur l'expulsion des étrangers.

Le droit d'expulsion par mesure administrative ou de haute police appartient aux autorités provinciales, à la charge d'en référer au ministre de l'Intérieur. Aux termes du Code pénal sarde de 1859, les étrangers vagabonds, les mendiants et les suspects sont expulsés du royaume ; en cas de violation de l'arrêté, ils peuvent être punis d'une peine pouvant s'élever jusqu'à un an de prison. Il en est de même des étrangers condamnés pour vol à main armée sur les grands chemins, pour extorsion (estor-

(1) Toutes ces dispositions sont en vigueur dans les provinces espagnoles d'Europe. Dans les colonies d'Amérique et d'Asie, les Antilles et les Philippines, c'est la loi du 11 juillet 1870 qui règle l'expulsion des étrangers (tit. II).

V. également un décret de 1823, aux termes duquel les gouverneurs, vice-rois, capitaines ou généraux peuvent faire expulser « toute personne qui troublerait la tranquillité publique ». — *V.* la communication de M. le professeur dom Rafaele de Labia dans P. Fiore, *op. cit.*, p. 113.

sione violenta), pour rapine, vol, escroquerie, ou pour tout autre délit portant atteinte à la propriété.

Dans tous ces divers cas, l'expulsion est toujours ordonnée par décret motivé. Aussi, quinze jours avant l'expiration de la peine, le ministère public doit avertir le Gouvernement afin qu'il puisse faire expulser le condamné (1).

D'après le projet de Code pénal présenté par M. Mancini, les étrangers condamnés à des peines criminelles ou correctionnelles entraînant, aux termes de la loi, surveillance de la haute police, pourraient en outre être expulsés du royaume. (Projet, liv. I, art. 26.)

Luxembourg. — La police des étrangers dans le grand-duché du Luxembourg était réglée par l'ordonnance du 31 décembre 1811 qui permettait d'expulser par décret du grand-duc les étrangers compromettant la sécurité publique et ceux qui avaient été condamnés ou *simplement poursuivis*, hors du duché, pour infractions pouvant donner lieu à extradition. Mais cette ordonnance a été remplacée par une loi du 26 novembre 1880 dont la disposition

(1) L'article 3 du Code civil italien qui accorde aux étrangers les droits civils de toute nature ne doit pas empêcher l'expulsion de ces mêmes étrangers par mesure de haute police. Le Code civil a en effet pour objet de régler les rapports entre particuliers et non pas ceux qui existent entre l'Etat et la souveraineté. Or, le droit de pourvoir à la sauvegarde de l'association politique et de décréter les mesures de haute police est un des droits qui appartiennent à la souveraineté. P. Fiore. *Op. cit.*, p. 105.

essentielle est de faire prononcer les expulsions non plus par décision du chef de l'État, mais « par arrêté du directeur de la justice, après délibération du Gouvernement en conseil » (art. 3).

Les individus simplement poursuivis ne peuvent plus être expulsés. Comme en Belgique, l'expulsion ne pourra atteindre l'individu né dans le duché d'un étranger qui y réside, tant que le délai d'option de l'article 9 n'a pas pris fin.

L'étranger qui quittera la résidence qu'on lui aura fixée ou se rendra dans un lieu qui lui avait été interdit sera passible d'expulsion.

Il n'y a aucun recours contre l'arrêté. L'expulsé recevra un passeport avec itinéraire obligatoire ; s'il s'en écarte, la force publique pourra intervenir. L'infraction à l'arrêté est puni d'un emprisonnement de quinze jours à dix mois (1).

Pays-Bas. — L'expulsion des étrangers est réglée, en Hollande, par la loi du 13 août 1847. Cette loi distingue quatre catégories d'étrangers : 1° l'étranger dangereux pour la paix publique, qui peut être expulsé par ordonnance royale. Il est tenu de quitter le royaume le quatrième jour après la communication de l'arrêté. Pendant ce temps, cet étranger peut profiter de la faculté accordée par l'article 20 qui organise, comme nous allons le voir, un recours

(1) *Annuaire de législ. comp.*, 1881, p. 439.

devant la Cour suprême, et, en attendant, il peut être mis en état de détention. « S'il ne profite pas de cette faculté, ou si la Cour suprême trouve que ses réclamations sont sans fondement, il est donné suite immédiatement à l'ordre d'expulsion. L'étranger sera autant que possible conduit à la frontière par lui-même indiquée » (art. 12) (1). Le Roi se réserve la faculté d'indiquer comme demeure des étrangers dangereux pour la paix publique un lieu déterminé dans le royaume, ou de leur interdire le séjour de certains lieux de l'État (art. 13) ;

2° Les étrangers qui n'ont obtenu ni leur admission dans le royaume, ni une feuille de route ou de demeure, peuvent être expulsés par l'autorité chargée de la police.

3° Les étrangers admis en Hollande ne peuvent être expulsés que sur l'ordre du juge cantonal du lieu où ils séjournent ou encore par ordonnance royale (art. 10). Le juge cantonal peut ordonner une expulsion seulement à défaut des conditions requises par l'article 1er (2), après avoir entendu l'étranger ou l'avoir dûment assigné à cet effet. L'article 11 ajoute qu'il sera dressé procès-verbal de cet interrogatoire et que si l'étranger ne se présente pas, l'ordre d'expulsion devra le mentionner.

(1) Les arrêtés royaux prévus par l'article 12 sont communiqués aux Chambres des états généraux (art. 13, *in fine*).

(2) Cet article est relatif aux conditions exigées pour l'admission de l'étranger.

L'expulsion sera motivée et le juge devra remettre au commissaire provincial une copie du procès-verbal et l'ordre d'expulsion. Le Roi se réserve la faculté de supprimer l'ordre d'expulsion ou d'en prohiber l'exécution. Cet ordre ne cessera pas cependant d'être exécutoire par suite d'un recours interjeté devant le Roi ou la Cour suprême (art. 11 *in fine*. — Comp. avec l'art. 2).

Les étrangers qui, avant l'expiration du terme des cinq années qui suivent la date de l'ordre d'expulsion du juge cantonal, sont arrêtés dans le pays sans qu'ils puissent prouver une admission postérieure sont passibles de huit jours à trois mois de prison (art. 14).

Ceux qui, une fois expulsés, rentrent dans les Pays-Bas seront passibles de trois à six mois de prison (art. 15). Dans les deux cas prévus par les articles 14 et 15, les condamnés seront renvoyés à la frontière à l'expiration de leur peine ;

4° Les dispositions de la loi néerlandaise de 1847 ne sont point applicables aux étrangers qui sont assimilés aux Néerlandais par l'article 8 du Code civil, c'est-à-dire à ceux qui ont établi leur domicile dans le royaume à la suite d'une permission du Roi et qui ont notifié cette permission à l'administration communale de leur domicile, et en second lieu à ceux qui, après avoir établi leur domicile dans une commune et y être demeuré pendant six ans, auront notifié à l'administration locale de leur domicile leur intention de se fixer dans le royaume.

Il en sera de même, dit l'article 19 de la loi sur l'expulsion, « de l'étranger domicilié dans l'État et qui est ou a été marié à une femme néerlandaise dont il a eu un ou plusieurs enfants nés dans les Pays-Bas ».

Les étrangers auxquels est applicable la loi néerlandaise ont deux recours contre la mesure qui les frappe : le premier, purement gracieux et qui n'est pas suspensif de l'exécution, consiste à demander simplement au Roi de supprimer l'ordre d'expulsion ou d'en arrêter l'exécution.

Le second permet à l'étranger de se pourvoir devant la Cour suprême en invoquant qu'il est Néerlandais ou qu'il se trouve dans un des trois cas où l'expulsion est impossible. « La Cour suprême, ouï le procureur général, connaît de ces points contestés en bornant sa décision à ces points » (art. 20). Les mandats royaux et les ordres doivent être publiés dans la feuille de l'État (*staatsblad*) et remis à tous les ministères, collèges et fonctionnaires qui en assurent la prompte exécution (art. 21). (1)

Portugal. — En Portugal, l'expulsion est en fait

(1) Les articles 16, 17 et 18 de la loi de 1847 ont été abrogés par la loi du 6 avril 1875, relative aux conditions générales qui doivent être observées dans la conclusion des traités d'extradition.

V. dans P. Fiore, *op. cit.*, la communication de M. Brusa, professeur à l'université d'Amsterdam.

prononcée par décision du Roi, en Conseil des ministres, mais aucune loi ne fixe les règles à suivre ou les cas dans lesquels cette mesure pourra être prise (1).

Roumanie. — La loi roumaine des 6-18 avril 1881 permet au Gouvernement d'expulser l'étranger domicilié ou résidant qui troublerait la tranquillité publique ou prendrait part à des menées ayant pour but de renverser l'ordre social ou politique « soit dans le pays, soit à l'étranger ». On peut sans l'expulser contraindre cet étranger à s'éloigner du lieu où il se trouve, ou encore lui fixer une résidence. L'individu qui quittera la résidence qui lui aura été fixée pourra aussi être expulsé.

Quant à l'étranger sans résidence, il devra obtenir, dix jours après son arrivée, une carte de libre séjour qui lui sera délivrée par la police ou l'administration locale pour tout le temps que cet étranger voyagera dans le pays.

L'arrêté d'expulsion devra être pris en Conseil des ministres et sera notifié à l'intéressé; il indiquera toujours le délai accordé pour sortir du royaume, lequel délai sera de vingt-quatre heures au moins. L'étranger indiquera la frontière par où il veut sortir et recevra une feuille de route; s'il s'écarte de l'iti-

(1) Art. de M. Millet. — *Bullet. de législ. comp.*, 1882, p. 588 et suiv.

néraire qui y sera déterminé, la force publique le conduira elle-même à la frontière.

Toute infraction à l'arrêté est punie de cinq jours à six mois de prison. A l'expiration de la peine, l'étranger sera conduit en dehors du territoire roumain, mais il ne pourra plus indiquer lui-même la frontière par laquelle il désire sortir (1).

Russie. — L'empereur possède en Russie un pouvoir absolu à l'égard des étrangers. Les autorités locales peuvent aussi expulser les étrangers, après avoir prévenu le ministre de l'Intérieur qui doit lui-même faire approuver sa décision par le ministre des Affaires étrangères. Les étrangers qui entrent en Russie sans passeport peuvent être expulsés par le gouverneur sans qu'il soit besoin d'autre motif (2).

Serbie. — En Serbie, les articles 342 et 343 du Code pénal disposent que les étrangers, vagabonds, gens sans profession ni ressources connues peuvent être expulsés (3).

Suède et Norwège. — L'ordonnance royale du 19 février 1811 fixait, en Suède, les mesures les plus

(1) *Annuaire de législ. étr.*, 1882, p. 707.

(2) Recueil des lois russes, 2e vol., 1re partie, art. 538.— Les Israélites étrangers ne peuvent résider en Russie qu'avec une autorisation spéciale. Art. de M. Millet, *loc. cit.*— Consult. sur les législ. étrang., l'art. de M. Desjardins, *loc. cit.*

(3) *Bulletin de la Soc. de législ. comp.*, 1884, p. 155.

sévères quant à l'admission des étrangers (1). Mais cette ordonnance fut abolie par celle du 21 septembre 1860 qui supprima au reste toutes les autres prescriptions relatives aux passeports. Cependant, il est actuellement établi que « toute personne inconnue qui omettra de faire connaître son nom ou son domicile », ou de fournir tous autres renseignements nécessaires sur son individualité, pourra être envoyée sous escorte par le *kronobetjent* (2) ou par tout autre autorité de police compétente au gouverneur de la province, qui pourra ordonner que cette personne soit enfermée dans la prison de la Couronne ou dans l'établissement de correction le plus proche pour y être gardée « de préférence dans l'isolement » et « tenue à travailler », jusqu'à ce que l'on ait constaté son identité. Il en sera de même des individus dont les indications paraîtront fausses ou suspectes. Toutes ces personnes, si elles sont étrangères, pourront être expulsées par une décision du Roi rendue en Conseil d'État (3).

Suisse. — En Suisse, aux termes de l'article 70 de

(1) V. dans P. Fiore, *op. cit.*, p. 118, le résumé de cette ordonnance.

(2) Sont compris sous ce titre : 1° Les employés chargés de percevoir les impôts et contributions et qui sont en même temps maîtres du district ; — 2° Les commissaires de police rurale ; — 3° Les sergents de police.

(3) V. dans P. Fiore, *op. cit.*, p. 120, la communication de M. Naumann, conseiller à la Cour suprême de Suède. — V. dans l'article de M. Millet, *loc. cit.*

la Constitution fédérale des 29 mai-17 juin 1874, le gouvernement a le droit « de renvoyer du territoire les étrangers qui compromettent la sûreté intérieure ou extérieure de la Suisse ». Cette disposition générale semble donner au Conseil fédéral un pouvoir illimité. On s'est demandé si l'article 70 n'ôtait pas aux cantons le droit d'expulser les étrangers. Nous croyons, avec M. Brocher (1), que ce droit est resté intact. Ainsi, à Genève, les étrangers sont tenus de se procurer un permis de séjour ou de domicile délivré par l'Administration supérieure. De même, dans les cas où la loi prononce la peine de l'emprisonnement, « le juge peut, en ce qui concerne les étrangers, convertir cette peine en une expulsion du canton d'une durée triple » (art. 10 C. pén.). — Quant aux Suisses des différents cantons, l'article 45 de la Constitution de 1874 les autorise à s'établir sur un point quelconque du territoire suisse « moyennant la production d'un acte d'origine ou d'une autre pièce analogue ». Exceptionnellement, l'établissement peut être refusé ou retiré à « ceux qui, par suite d'un jugement pénal, ne jouissent pas de leurs droits civiques ». « Aucun canton, dit encore l'article 44, ne peut renvoyer de son territoire

(1) V. la communication faite par M. Brocher à M. Fiore, *op. cit.*, p. 109. — V. également l'article de M. Roguin dans le *Journal de Droit int. privé*, 1881, p. 285 et suiv.

un de ses ressortissants ni le priver du droit d'origine ou de cité (1). »

(1) V. Sur les expulsions suisses : *Archives diplom.*, 1885, 3e vol. p. 347. — Sur l'expulsion du prince Krapotkine, du 13 août 1881, le *Journal de Droit int. privé*, 1882, p. 220.

Le 3 juin 1885, le Conseil fédéral a ordonné l'expulsion de vingt et un anarchistes.

POSITIONS

DROIT ROMAIN

I. — La *sponsio* et l'*adpromissio* ne doivent pas intervenir forcément au moment même de l'obligation principale.

II. — Sous Justinien, la novation résulte seulement de la volonté expresse des parties.

III. — La *litis contestatio* ne produit pas une véritable novation.

IV. — La *minima capitis deminutio*, sous Justinien comme à l'époque classique, ne dissout pas la société.

V. — A Rome, le recéleur est en général puni de la même peine que l'auteur principal.

DROIT CIVIL

I. — L'adoption d'un enfant naturel reconnu est valable.

II. — Le droit de retour successoral de l'ascendant donateur ne peut s'exercer que sur la chose donnée elle-même et non sur un équivalent.

III. — La reconnaissance d'un enfant naturel faite dans un testament authentique n'est pas révocable comme le testament lui-même.

IV. — La possession d'état n'est pas une preuve de la filation naturelle.

V. — Le droit de la femme séparée de biens d'aliéner ses meubles sans autorisation n'est pas renfermé dans les limites de l'administration.

DROIT INTERNATIONAL

I. — La règle *locus regit actum* est facultative.

II. — Le régime légal des biens entre époux mariés sans contrat doit se déterminer d'après l'intention des époux.

III. — La prescription extinctive doit être régie par la loi qui gouverne le contrat.

ÉCONOMIE POLITIQUE

I. — En économie politique, il n'y a point de richesses immatérielles.

II. — Le bénéfice du commerce international ne consiste pas exclusivement dans la supériorité des exportations.

DROIT CRIMINEL

I. — Il faut entendre l'article 59 du Code pénal en ce sens que le complice doit être puni de la peine prononcée par la loi contre le crime ou le délit de l'auteur principal.

II. — La complicité en matière de duel est punissable.

III. — Les articles 42 et 43 de la loi sur la presse du 29 juillet 1881 ne sont pas contradictoires en donnant en même temps et aux mêmes individus la qualification de complices et celle d'auteurs principaux.

Vu : le Doyen :
VIGIÉ.

Vu : le président de la thèse :
PIERRON.

Montpellier, le 14 mai 1888.
Permis d'imprimer :
Le Recteur de l'Académie de Montpellier, correspondant de l'Institut.
G. CHANCEL.

TABLE DES MATIÈRES

DROIT ROMAIN

DU POSTLIMINIUM ET DE LA LOI CORNELIA

DROIT FRANÇAIS

DE L'EXPULSION DES ÉTRANGERS

PREMIÈRE PARTIE

LÉGISLATION RATIONNELLE

DEUXIÈME PARTIE

LÉGISLATION POSITIVE

BIBLIOTHÈQUE NATIONALE R.F. IMPRIMÉS

4261. — Poitiers, Imprimerie Blais, Roy et Cie, rue Victor-Hugo, 7.

IMP. BLAIS, ROY et Cie

www.ingramcontent.com/pod-product-compliance
Ingram Content Group UK Ltd.
Pitfield, Milton Keynes, MK11 3LW, UK
UKHW012024240726
13965UKWH00002B/556

9 782013 067720